LES PRINCIPES

FONDAMENTAUX

DE TOUTE SOCIÉTÉ.

LES PRINCIPES FONDAMENTAUX DE TOUTE SOCIÉTÉ,

CONSTITUÉS AVEC L'HOMME,

PRÉCÉDÉS

D'un Précis historique et critique des causes éloignées et prochaines de la Révolution en France ;

PAR LOUIS-JACQUES BRIEL.

L'oubli de ces principes a tout perdu en France ;
le retour à ces principes peut seul tout réparer.

TOME TROISIÈME.

A PARIS,
CHEZ PIERRE-FRANÇOIS BLEUET, rue du Jardinet, n°. 8.

1797.

LES PRINCIPES FONDAMENTAUX DE TOUTE SOCIÉTÉ,

Adressés aux bons esprits qui ont l'amour et le tact de la vérité.

TROISIÈME PARTIE.

Des principes de la Philosophie.

CHAPITRE PREMIER.

De la philosophie en général. Sa définition, son objet, ses moyens; les avantages de la vraie philosophie et les abus de la fausse.

LA philosophie, n'en déplaise à tous les tartufes en politique ou en religion qui la calomnient pour anéantir la raison et s'emparer de la conscience ; à tous les vieux routiniers qui la repoussent, pour se remettre en troupeau sous la verge qui les a mis en révolution ; n'en déplaise à tous les sophistes qui en ont abusé par passions ou par défaut de jugement; à tous les fripons déhontés qui l'ont déshonorée par leurs mœurs et par leurs écrits ; à toutes leurs dupes qui lui attribuent leurs méprises ; à tous les demi-savans qui la font raisonner comme eux ; à tous les ignorans qui ne la connoissent pas : la philosophie, d'après son étimologie, d'après le sens grammatical, la signification naturelle et convenue de ce mot, d'après son acception universelle parmi les hommes de bon sens qui ont existé et qui existeront sur la terre; la philosophie est et sera toujours, « *l'amour, l'étude, la pratique de la sagesse* qui est elle-même *la recherche de la vérité et du meilleur en toute chose* » ; la philosophie est conséquemment le meilleur et le plus bel usage de la raison.

J'ai dit d'abord que la sagesse étoit « la recherche de la vérité en toute chose » ; oui, c'est l'investigation des moyens les plus sûrs de parvenir à la fin la plus intéressante que tout sage, tout philosophe doit se proposer, soit en étudiant la morale pour la pratiquer, soit en méditant sur les sciences spéculatives pour en trouver les principes exacts, soit en examinant les sciences conjecturales ou systématiques, pour saisir la face inconnue d'une vérité cachée, par une preuve d'analogie avec la partie connue ; secrets de nature, objets piquans dont l'existence seule nous est sensible et dont l'essence nous est cachée, mystères en politique comme en religion.

La philosophie se divise donc comme les objets qu'elle embrasse, en philosophie morale ou pratique, en spéculative ou dogmatique, en conjecturale ou systématique.

La philosophie morale ou pratique, est la recherche et l'emploi du moyen le plus sûr, le calcul et l'application de l'intérêt le plus vrai que puisse se proposer l'amour de soi le mieux réfléchi dans la poursuite du bonheur, dans l'étude de la sagesse ou de la perfection applicable à la conduite et à la doctrine du philosophe ; car c'est de tous les hommes celui qui doit faire le meilleur usage possible de ses lumières, pour approcher le plus près de la vérité, et être le moins dupe des erreurs humaines, puisque son but est la perfection.

La philosophie spéculative ou dogmatique

est la recherche de cette précieuse vérité, dans toutes les sciences exactes ou du genre démonstratif, jusqu'à ce que le philosophe l'ait rencontrée et démontrée en principes sur chacune d'elles.

La philosophie conjecturale ou systématique, est l'examen du système qui approche le plus près de cette vérité inappréciable que rien ne supplée, dans l'étude des sciences qui ne sont point du genre démonstratif; telles, par exemple, que la connoissance de Dieu, de l'ame, des loix de la nature, dont les objets ne se manifestent à nous que par leur existence et nous voilent leur essence; objets piquans et infiniment intéressans qui nous invitent à remonter à la vérité inconnue, par son analogie avec la vérité connue.

C'est à ce genre de philosophie que nous devons les plus heureuses découvertes sur des secrets que la nature nous cachoit; comme nous lui devons les systêmes les plus monstrueux et les maximes les plus désastreuses sur des objets qui passent nos connoissances; fruits amers d'une curiosité qui emporte l'imagination au-delà des limites de la raison, que le philosophe, le sage doit bien connoître, pour ne jamais les passer.

La philosophie est donc l'usage le meilleur et le plus sage de la raison, dans la recherche et l'application de toute vérité :

Donc le philosophe doit être l'homme le plus irréprochable dans sa conduite, le plus sûr dans les principes qu'il professe, le plus fidèle ami de la vérité dans les sciences qu'il approfondit, dans les systêmes qu'il examine ou qu'il établit sur les objets qui ne sont pas susceptibles d'une autre démonstration :

Donc le philosophe n'est point, comme on s'efforce de le faire croire, l'homme le plus hardi en assertions prématurées; mais au contraire le plus réfléchi, le plus difficile en démonstration, le scrutateur le plus sévère de la vérité, le plus sage calculateur du meilleur intérêt, conséquemment le plus vertueux et le moins dupe des hommes :

Donc le philosophe n'est point un frondeur dans l'État, un sectaire furieux contre la religion de son pays; mais ami des principes, il l'est de l'ordre qui en dérive, il ne le trouble point, il l'éclaire; il n'est d'aucune secte, d'aucune faction, il est le meilleur citoyen de sa nation, le plus fidèle, par principes, au gouvernement de son pays, l'adorateur le plus pur de la religion de ses pères; celui qui l'entend mieux et qui lui demeure le plus inviolablement attaché :

Donc le philosophe est le sage par excellence, il est l'homme dans toutes les vues de la nature ; il ne lui reste que les imperfections naturelles et involontaires de sa faillibilité humaine, et s'il n'est rien de tout cela, il n'est pas le philosophe.

C'est un charlatan qui débite des maximes sur un remède qu'il méprise, ou un rhéteur qui donne des phrases pour du raisonnement; c'est un sophiste qui met sa méthode à la place des principes, et veut faire passer ses paralogismes pour de la logique, ou un ignorant qui donne ses vues gauches, ses opinions irréfléchies, pour des vérités prouvées ; c'est un fripon mâdré qui déguise, sous les couleurs de l'intérêt public, son intérêt personnel et sordide, ou un hypocrite fort en principes et licencieux en conduite ; c'est un impudent qui dénoue effrontément tous les liens de la société, ou un rébelle, un impie révolté contre toutes les puissances du ciel et de la terre, le frondeur des loix, de la religion de son pays, l'ennemi du genre humain.

Mais, me diront avec quelqu'apparence de

justice certains observateurs : « puisque la philosophie est l'amour de la sagesse, elle devoit donc édifier la terre par-tout où elle a » paru ! Puisque la philosophie est la recherche de la vérité et le calcul du bonheur des hommes, elle devoit donc éclairer le monde et conduire les mortels au plus bel ordre et à la plus sure félicité ! Comment donc, depuis qu'il existe des philosophes, des écoles de philosophie parmi les hommes, n'ont-ils produit que des troubles dans l'État, des scandales dans la société, des querelles, une dissolution, et en dernier lieu d'horribles persécutions en religion, dans tous les pays qui ont cru s'illustrer par eux ?

C'est que ce n'étoient point des philosophes, ou si c'en étoient, c'est que les hommes s'éclairent difficilement; c'est qu'il leur faut des siècles d'erreurs, de bévues, de malheurs, pour les prévenir contre les sophistes, les rhéteurs, les intrigans qui les trompent en les flagornant ; c'est qu'un aveugle amour-propre les met en garde contre les leçons de ce petit nombre de sages à qui la nature a confié la vraie lumière du monde, ou parce qu'ils ne les flattent pas, ou parce qu'ils leur disent trop simplement la vérité, ou parce qu'ils la disent d'une manière trop importune en dévoilant leurs torts, en exigeant des aveux ou des retours humilians. Aussi, ce n'est que quand leurs leçons sont étayées de celles d'une expérience funeste au bonheur, que l'on consent enfin à les entendre; ce n'est qu'après des catastrophes épouvantables, et sur des ruines détrempées de sang et de larmes, que les sages sont enfin écoutés.

C'est que la vraie philosophie, la terreur des fripons, est toujours en bute à la fausse politique dont elle revèle la turpitude, au faux zèle de religion dont elle éclaire les abus; c'est qu'enfin la fausse philosophie, ennemie de tout ordre, de toute domination et de toute religion, en flattant les passions et la licence de la multitude, se trouve naturellement en guerre avec ceux qui la mènent et finissent par renverser l'édifice social sur tous les ordres de l'État.

Ainsi, dès qu'il paroît un vrai philosophe, il a pour ennemis les faux politiques et les faux sages qu'il dévoile; quand ces faux sages viennent tout ébranler, ils ont pour ennemis tous les intéressés à l'ordre, *inde irae*: delà ces secousses, ces troubles que tant de gens ont intérêt de rejeter sur le compte du petit nombre, sur les philosophes.

En effet, toutes les fois que, parmi ces hommes rares qui brûlent d'un égal amour pour la vérité et pour l'humanité, qui ne paroissent jamais en foule sur la terre; car, la nature avare du vrai beau, n'en produit pas un par mille; toutes les fois qu'un élite de ces sages dont à peine il en naît un par siècle, ose présenter à sa nation les lumières de cette philosophie vraie et bienfaisante qui éclaire et console les hommes, les rappelle à leur dignité, il effarouche l'intérêt de ces dominateurs atroces qui les avoient bridés d'ignorance, de préjugés politiques et religieux, pour les réduire en troupeau qu'on conduit à son gré et dont on tond la laine à son profit. Ces hommes puissans de la sottise des autres, qui se gorgent à leurs dépens dans les ténèbres dont ils s'entourent, redoutent la lumière, éloignent d'eux ceux qu'elle éclaire, persécutent ceux qui l'apportent, et n'ont plus de tranquillité, qu'ils ne l'aient éteinte dans le sang du philosophe qui ose prêcher la sagesse, révéler la vérité, et montrer le bonheur, la vertu, aux hommes qu'ils ont dégradés; c'est alors qu'ils font boire la cigué à Socrate qui, en annonçant le vrai Dieu, anéantissoit les prêtres des idoles ; c'est alors qu'ils crucifient le Christ qui, en rappelant les hommes à une religion toute spirituelle et à la pureté de la morale primitive, faisoit le procès aux mœurs et à l'intérêt de la sinagogue ; c'est alors qu'ils assassinent le grand, le bon Henri IV qui, sur le point d'établir en Europe un systême pacificateur de politique aussi franche, aussi loyale que son caractère, alarmoit tous les tyrans, toutes les sang-sues de Cabinet. Alors les hommes rentrent pour un siècle dans les écuries d'Augias, où, la face prosternée dans la fange, ils adorent de faux dieux et lèchent la poussière des pieds d'un fier tyran ou d'un faux prophète.

Ne nous y trompons pas ! c'est encore à quoi tendent aujourd'hui les fripons en politique, et les hypocrites en religion ! On prodigue le beau nom de *philosophes*, aux ennemis les plus odieux du genre humain, aux désorganisateurs de nos meilleures institutions, aux ennemis furieux de la religion de nos pères, afin de nous faire détester à jamais *la philosophie*, afin de couvrir le nom de philosophe de leur opprobre, pour le livrer à l'indignation publique; parce qu'ils savent bien, ces perfides ambitieux, qu'un meilleur usage de notre raison, qui est la vraie philosophie, jetteroit un trop grand jour dans leur caverne, et qu'elle seule peut nous faire tirer de nos erreurs et de nos malheurs, le bonheur, l'ordre et la vérité que nous cherchions au lieu de la révolution désorganisatrice où nous avons été poussés; ils savent qu'elle seule peut réparer nos maux, étancher notre sang, essuyer nos larmes, désarmer nos ennemis et rappeller la justice qui fait frémir les scélérats.

Non, fripons, non, ces hommes contre lesquels vous déclamez n'étoient point des philosophes ! La philosophie les accuse et les blâme plus franchement que vous.

Ne vous effarouchez point, hommes avides de domination ! La philosophie dont je parle ne veut point briser votre sceptre, mais éclairer votre intérêt dans l'art de régner. La vraie philosophie n'est jamais redoutable à la vraie politique ; elle n'est point en force, elle n'est jamais en *secte*, elle n'intrigue pas; elle présente doucement la vérité aux gouvernans comme aux gouvernés, en éclairant leur intérêt et les préjugés qui les en éloignent sans les brusquer ; elle réforme sans détruire, elle ne vient point soulever vos sujets; mais parler d'abord pour eux à votre raison, les recommander à votre cœur comme vos semblables; et si, malgré tant de modération et un si beau zèle, la soif du sang innocent n'est point encore étanchée chez vous, elle présentera encore aujourd'hui comme au tems de Socrate, à la hache des persécutions, non des coupables, non des séditieux, mais des victimes irréprochables de l'amour des hommes, qui sauront mourir aussi paisiblement qu'ils ont su vivre, en pardonnant au nom du Dieu qu'ils adorent, sans même réclamer les droits du philosophe qu'il inspire : et si un jour ils sont vengés, comme cela ne manque pas d'arriver, ils ne le seront que par les droits de la cause qu'ils ont soutenue, la mémoire de leurs vertus. L'histoire annoncera aux générations que vous seuls avez troublé la terre et contristé la nature, en égorgeant les amis des hommes qui venoient leur apprendre à vous être soumis par raison; à vous, à régner par elle; à tous, leur véritable intérêt; et votre nom ne remontera jamais à l'estime.

Ce n'est point-là la marche qu'a tenu la

fausse philosophie, dans tout le cours de la révolution ! Lorsqu'elle eut tout désorganisé, elle a présenté avec arrogance ses nombreux sectaires, pour les maîtres et les réformateurs exclusifs du genre humain ; alors on a vu se précipiter de toutes parts sur nos antiques institutions, une foule d'hommes corrompus, audacieux, ennemis de tout ce qui n'est point eux, contempteurs de tout ce qui ne venoit pas d'eux, de tout ce qu'ont établi nos *vieux pères* ; frondeurs de tous les corps politiques qui ne leur ont ouvert ni leur Cabinet, ni le trésor de l'État ; avilisseurs de toute religion, persécuteurs de tout ministre de culte; niveleurs de toute fortune, divisés en sectes qui se dévorent pour des opinions, mais se réunissant toutes pour détester et détruire la vraie philosophie, parce qu'elle réclame un Dieu et enchaîne les mœurs et la politique à ses loix.

En ouvrant l'histoire des hommes, nous ne serons donc plus surpris d'y lire que, dans tous les siècles, ces turbulens sectaires ont troublé toutes les régions de la terre où ils ont existé, et que par-tout ils ont provoqué contre eux le plus vif intérêt des nations.

Aussi avez-vous dû remarquer, chez les

peuples célèbres, qu'aussi-tôt que la philosophie de leurs premiers sages se divisoit en écoles, en sectes disputantes, elle ne produisoit plus que de la prétention, de l'orgueil, de la subtilité, des systêmes, des divisions, et qu'alors leurs sophistes sont tombés, comme chez nous, sur toutes les institutions nationales, la morale, le gouvernement et sur-tout la religion du pays, pour désorganiser la société, et jeter les peuples dans des abus, les gouvernemens dans des convulsions qui n'ont fini qu'avec leur existence; c'est alors que les philosophes prétendus se retirent, et cèdent la place aux philosophes réparateurs.

On n'a plus vu de philosophes en titres chez les Grecs après la chûte et la division de l'empire d'Alexandre; on n'en a plus vu chez les Romains tombés dans le bas empire, etc.

Voilà littéralement ce qui vient de se renouveller chez nous, et ce que nous fournirons pour notre contingent, à l'histoire des sottises humaines: nos sophistes de la secte académique, ou *encyclopédique*, se sont attachés au corps chancelant de la monarchie, jusqu'à ce qu'ils l'aient enfin terrassé ; et, après l'avoir disséqué savamment jusqu'aux os dans les trois premières législatures, nos vautours philosophes se sont retirés de ce cadavre desséché, de manière qu'on n'en voit plus, on n'en entend plus un seul sur le malheureux sol qui en a tant produits, et dans le pays qu'ils ont tant étourdi de leur loquacité ; si ce n'est quelques reptiles qui, à force de les entendre, ont appris à croacer comme eux du fond de leur marais.

Méfions-nous donc des philosophes en titres, en écoles, en sectes ! On a vu, dans la correspondance des nôtres, qu'ils avoient formé, non seulement en France, mais dans toute l'Europe, et jusque dans l'autre émisphère, l'association la plus redoutable qui fut jamais, la secte la plus nombreuse et la plus fortement organisée, la conjuration la plus audacieuse qui ait jamais existé contre le ciel et la terre. Il ne s'agissoit rien moins que de détrôner Dieu et les souverains, pour faire régner les sophistes dans toute la nature ; et, depuis celui qui osa attacher le grelot révolutionnaire à son roi qu'il prétendit avoir conquis au nom de la philosophie, jusqu'à celui qui arrachoit à Dieu son existence au nom de ses commettans, tous conspiroient contre la société.

C'est pour cela qu'ils s'étoient emparés depuis long-tems de l'empire des lettres, des graces de la Cour, des places de l'État, des prélatures de l'église; nos ennemis les flattoient, leur politique les soudoyoit, leurs souverains mêmes s'enrôloient sous leurs bannières.

Mais, malgré l'étendue de leurs connoissances, leur philosophie fut complettement dupe de la politique des ennemis couronnés de notre gouvernement; car, quel sort cette politique trompeuse leur a-t-elle assuré dans son plan pour l'avoir si bien suivi! La plupart ont subi le dernier supplice, leurs têtes sont tombées noyées dans le sang que leurs principes avoient fait verser; les autres essuyent encore le supplice de la vie, humiliés par leur amour-propre, et livrés, démasqués, à l'instruction morale des nations. O providence! comme vous réfutez leurs sophimes!

Heureuses ces nations! si elles profitent de cette leçon, pour ne plus laisser germer chez elles de philosophie d'ostentation, et s'organiser des philosophes en sectes, en écoles différentes, mais sans employer pour cela de de persécutions! Les opinions particulières surgissent contre les persécutions et cédent à l'opinion publique quand on sait la fixer par la raison.

Plus heureuses encore, si, en garde contre les efforts d'une politique ennemie des hommes, loin de porter, comme on le voudroit, leur haine jusque sur la vraie philosophie qui seule éclaire, console le genre humain, s'oppose à son asservissement à la tyrannie, elles savent la distinguer de la fausse et la couvrir de toute la considération et de l'intérêt qu'elle mérite!

Nous le répétons; le vrai philosophe n'est d'aucune école, d'aucune secte; il est le sage modeste, il est l'ami des hommes le plus vrai, le plus désintéressé, il est le plus raisonnable de ses semblables, le meilleur citoyen de son pays, le plus pur adorateur de la religion de ses pères; il ne détruit rien, il rectifie; enfin, il est l'homme perfectionné dans toutes les vues de la nature.

D'ailleurs, la vraie philosophie est l'amour de la vérité; elle doit donc être une, indivisible comme elle; elle n'a qu'un but, qu'un objet, elle doit donc exclure toute secte, toute division, toute école particulière. Les philosophes

Français, Anglais, Allemands, Chrétiens, Réformés, Anglicans ont tous le même objet pour rechercher sous les rayons purs de la vérité, « *la perfection de la morale, du gouvernement, des sciences et de la religion du pays.* »

« Auguste philosophie! fille du ciel, rayon » pur de la Divinité qui brille sur l'entende- » ment humain! c'est par vous que Dieu rè- » gne, que son intelligence increéee a conçu » avec le plan de l'univers, celui d'une in- » telligence créée! vous êtes donc l'inventrice » et la règle de notre raison.

» C'est vous que les anciens adoroient » comme une portion de l'essence divine, » lorsque, personnifiant sa sagesse, ils vous » offroient des vœux; vous êtes ce *Visnou* » de Brama, que l'Indien croït s'être incarné » pour instruire et sauver les hommes; le » Logos de Platon, ou la connoissance, la » sagesse et la parole de Dieu; le verbe ado- » rable des chrétiens, pensée, raison, ex- » pression, parole et émanation du père » Suprême et sa sagesse incarnée pour ap- » porter la vérité aux hommes, leur donner » la doctrine et l'exemple; c'est vous qui » vous exprimez au livre de la sagesse, lors-

» que le sage écrit, *cum eo eram cuncta* » *componens*; lorsque Dieu posoit les fon- » demens de l'univers, j'étois-là; lorsqu'il » combinoit les effets des loix de la matière » avant de former les êtres, je les combi- » nois avec lui; lorsqu'il les a produits, je » les ai conçus; et quand il leur donnoit » l'intelligence, c'étoit moi qui l'éclairois, » comme c'est moi qui la dirige encore quand » elle me consulte; comme c'est moi qui » donne des règles de justesse à la raison, » de modération au cœur. »

La philosophie humaine est donc une émanation, une étincelle, un atôme de la philosophie divine! Aussi c'est par elle que l'homme communique avec le ciel, qu'il s'élève aux plus hautes contemplations de la vérité primitive, qu'il s'est approché du conseil de Dieu pour entendre dicter et recevoir ses loix sur l'ordre physique et moral qu'il doit suivre, pour atteindre à la perfection et au bonheur qu'il lui destine.

C'est par la philosophie que l'homme est distingué éminemment de tous les autres êtres; c'est par elle seule qu'il a de la dignité et du pouvoir sur lui-même, des droits à l'estime de ses semblables; c'est par elle seule qu'il évite l'esclavage de ses passions et de celles des autres hommes quelques élevés qu'ils se prétendent ; c'est par elle enfin qu'il est homme en dépit des tyrans et des hypocrites qui voudroient le dénaturer.

Jugez maintenant des droits de la philosophie ! et si la politique ou le cafardisme peut y toucher sans crime de lèse-divinité et de lèse-humanité !

CHAPITRE II.

De la Philosophie morale ou pratique.

Il ne suffit pas de philosopher pour être philosophe : à ce compte-là, un peu d'imagination, un peu de mémoire, un peu de facilité donneroient les droits de la vertu ; avec du talent on imposeroit aux autres les préceptes et on se dispenseroit de donner l'exemple.

Point d'autres philosophes aux yeux de la raison, que ceux qui, fidèles aux principes qu'ils professent, nous en montrent l'application dans leur conduite.

A l'école moderne, ce principe subira le nom de *Capucinade*, et n'en sera pas moins une vérité éternelle, d'après laquelle je dis, que quiconque se donne pour philosophe, met en preuve de sa philosophie, ses mœurs habituelles à comparer avec les principes qu'il professe ; et si, en lui passant les fautes involontaires de la faillibilité, il est trouvé en défaut sur des actions réfléchies, on lui arrache son masque de philosophe et on l'inscrit sur la liste des habiles fripons.

Dans cet important examen de nos maîtres en morale, il faut définir la philosophie morale, en poser les principes pour procéder avec ordre et sans partialité à la recherche de la vérité sur la conformité ou la dissonnance de leur doctrine ou de leur conduite avec ce genre de philosophie.

Nous l'avons dit ; « La philosophie morale » ou pratique est le calcul le mieux raisonné » de l'intérêt le plus vrai que puisse se pro- » poser l'amour de soi le mieux réfléchi sur » la recherche du bonheur, sur l'étude de » la sagesse ou de la perfection dans la con- » duite et la doctrine du philosophe.

» Tout calcul, avons-nous ajouté, pour » être juste doit avoir la vérité pour base et

» pour preuve ; tout être raisonnable, tel » qu'un philosophe, doit user de toutes ses » lumières pour être le moins possible dupe » des erreurs humaines ; »

D'où je conclus que le philosophe doit mettre sa conduite d'accord avec sa doctrine, avant d'oser la publier ; que c'est sur lui-même, sur ses mœurs qu'il doit essayer la justesse de son calcul en morale et la prouver par-là ; que s'il doit être, par le bon usage de sa raison, le moins possible dupe des erreurs humaines, sa sagesse lui défend encore plus sévèrement de duper les autres par des préceptes qu'il ne voudroit pas tenter de pratiquer lui-même ;

D'où je conclus encore, que tout philosophe porte avec lui la pierre de touche de sa philosophie, il ne peut tromper que ceux qui aiment mieux encourir les risques que d'examiner, puisqu'il ne s'agit que de rapprocher sa conduite de ses principes pour savoir s'il est philosophe, et ses préceptes de la nature humaine pour connoître sa philosophie.

Quelle foule de docteurs anciens et modernes, je vois rayer de la liste des philosophes par cette opération si simple ! combien de noms célèbres je vois porter par la raison indignée sur les registres énormes que tient l'histoire, des sophistes, des discoureurs, des intrigans, des aventuriers qui dans tous les siècles ont trompé les hommes et se sont joués de la nature humaine! Qui mieux que nous, dans ce siècle philosophique a été plus à même de vérifier cette triste vérité! Que de caffards, depuis Jean-Jacques, connu par sa propre confession, jusqu'à nos dévots sourcilleux, démasqués par la révolution! Où sont donc nos vrais philosophes si ceux-là ne l'ont pas été?

C'est ici le dogme désespérant du petit nombre des élus : comme il ne s'agit en religion pour le prouver, que de rapprocher les actions de la loi, il en est de même en philosophie; je puis donc adresser, avec plus de justice, à cette foule d'écrivains qui brilloient sous ce malheureux siècle, plus dans la carrière littéraire qu'en philosophie, ce beau mouvement oratoire de Massillon prêchant sur ce dogme un nombreux auditoire de chrétiens; « Vrais sages, où êtes vous?
» s'écrie cet orateur, après avoir défini la
» sagesse évangélique : Brebis de Jesus-Christ!
» froment de l'évangile, paroissez devant votre
» juge, passez à sa droite! quoi! personne,

» grand Dieu ! Cette nombreuse assemblée, » son prédicateur à la tête, ne produira-t-» elle donc pas au jugement de Dieu un seul » prédestiné ? » et tout l'auditoire de se soulever par un mouvement spontané !

Mais consolons-nous ! Massillon fut en cette circonstance plus orateur que philosophe ; quoique le petit nombre des élus ou des sages en toutes choses, ne soit que trop vrai, il n'est pourtant pas réduit à cette nullité oratoire ; si l'on en connoît si peu, c'est que les vrais philosophes, comme les vrais chrétiens, ne s'affichent point ; ils pratiquent sans ostentation la sévérité de leur doctrine ; s'ils édifient, c'est sans commande comme sans efforts ; leur maison, leur petite société, les lieux où leurs devoirs les attachent, voilà les seuls témoins nécessaires de leurs actions ! ils n'en cherchent pas d'autres ; s'ils entrent dans la carrière qui mène à la gloire, c'est moins pour la chercher, que pour remplir un devoir envers la société entière ; lorsqu'il s'agit de faire quelque chose pour les hommes, c'est moins par l'élan de l'amour-propre que par celui de l'humanité qu'ils le font ; c'est moins pour mériter des couronnes que pour faire triompher la vertu qu'ils l'adorent.

Le vrai philosophe s'essaye avant de s'élancer dans une carrière difficile ; mais une fois lancé, tout est pesé, il va au but ; sa fortune, sa vie n'entrent pour rien dans son calcul, il ne voit que la vertu.

Ainsi ont péri Socrate et tant d'autres ; ainsi êtes-vous morts pour les intérêts du gouvernement, de la morale et de la religion de votre pays, sages et innocentes victimes d'une révolution où le crime a failli avoir raison. Quand on meurt irréprochable pour la bonne cause, ou que l'on est prêt à porter sa vertu avec sa tête sur l'échafaud, on a fait ses preuves en sagesse, en philosophie et en religion.

Je puis donc opposer une vérité consolante à la sévérité évangélique d'un orateur chrétien, et lui dire : « O Massillon ! combien de » vrais philosophes ! combien de vrais chétiens qui ne vous étoient point connus dans » cette grande assemblée et qui le furent au » jugement du Dieu que vous invoquiez ! » combien de grandes actions, de vertus recommandables, cachées sous le voile estimable de la modestie, fourniront d'élus à » la justice du rémunérateur dont vous épargniez trop la munificence ! »

Consolons-nous donc, pauvres humains ! Sujets par la nature à tant d'erreurs, de foiblesses et de misères ; nous ne sommes par si à plaindre, puisque nous pouvons par la même nature nous élever par gradations au premier rang du vrai mérite ; notre sort est encore bien beau, puisque parmi nous la sagesse, la philosophie a fourni tant de victimes honorables au crime, à la tyrannie ; puisqu'il existe encore au milieu de nous, dans toutes les classes de la societé, tant d'hommes qui ont fait leurs preuves, dont l'honneur, la fidélité aux principes et à la religion sont à l'épreuve de la séduction, de l'exemple, de la terreur et de la hache même des bourreaux.

Oui, vous avez votre part à cette branche de la philosophie, bons pères qui avez donné à vos fils l'exemple et la doctrine dans un tems difficile ; bon fils qui avez couvert de votre corps l'auteur de votre vie, qui avez présenté votre tête pour sauver la sienne, ou qui dans des circonstances moins dangereuses l'avez consolé et secouru en observant ses leçons ; bons époux qui, respectant des liens que votre cœur a formés, que vos sermens, le ciel et la société ont resserrés, non-seulement êtes demeurés fidèles à votre compagne, mais qui l'avez rendue irréprochable par votre exemple, qui avez adouci son sort, ses peines par vos travaux et vos soins.

Vous êtes philosophes, chefs de famille qui n'avez point laissé tomber votre maison dans l'opprobre, où tant d'autres se sont enfoncés; qui avez acquitté loyalement vos dettes selon la loi de votre conscience à défaut de justice publique; qui n'avez point mêlé l'or de la corruption ni la vigne de Nabothe au peu que vous avez sauvé de votre patrimoine, et dont vous avez su dans ces tems désastreux faire un usage aussi délicat qu'humain; vous avez une bonne part à la philosophie morale, vous qui veillez sur les mœurs, la santé et les intérêts de vos domestiques, avec la bonté d'un père et la dignité d'un maître.

Vous avez aussi professé la sagesse philosophique, serviteurs à jamais estimables, qui avez donné à vos maîtres, dans ces circonstances, des preuves héroïques d'attachement, de fidélité et de respect; vous sur-tout qui les avez sauvés de la mort et qui leur avez conservé la vie du fruit inappréciable de vos travaux.

Vous êtes philosophes jusqu'à l'héroïsme, femmes adorables, sexe aimant, qui, dans cette horrible révolution, avez déployé le plus grand caractère, qui avez uni le plus grand courage aux vertus les plus douces et les plus attendrissantes, soit dans les fers, soit jusque sur l'échafaud, soit dans votre ménage obscur où vous formiez des sages, où vous inspiriez votre héroïsme ; soit dans l'asyle de la misère, où vous avez porté tant de secours gracieux ; soit dans le sein de l'amitié, où vous avez versé tant de consolations, de ressources contre le malheur et la tyrannie, en lui cachant, en lui arrachant des victimes.

Vous êtes philosophes, tendres et généreux amis, qui, dans cette dissolution du monde moral, vous êtes prêté mutuellement une main secourable pour vous soutenir dans la dignité de l'honneur, de la vertu, et pour vous sauver de l'avilissement où conduisent souvent d'affreux besoins.

Vous êtes philosophes, bons citoyens, qui avez tout sacrifié, sang, famille et fortune pour le véritable honneur de votre patrie; qui avez versé des larmes de sang sur son opprobre, et qui avez encore la vertu de ne point désespérer de son salut, vous réservant pour l'aider un jour à remonter à sa gloire.

Vous êtes des philosophes chrétiens, prêtres estimables de la religion de nos pères, qui avez porté le poids énorme de la révolution sans fléchir; qui avez lassé la haine des tyrans par votre extrême douceur ; qui avez essuyé toutes les injustices, tous les outrages de la rage révolutionnaire sans murmurer, mais aussi sans vous laisser avilir; qui êtes sortis purs de la fournaise des persécutions et des fosses infectes où on vous avoit entassé, où tant d'illustres victimes sont péries; vous qui vous êtes laissés dépouiller de toute fortune, de toute ressource sans proférer une plainte, à l'exemple de votre chef, *sicut agnus coram tondente obmutescit*, mais qui avez défendu jusqu'à la mort, l'intégrité de votre état, la pureté de votre religion, l'inviolabilité de vos engagemens et vos titres à l'estime publique, au respect de toutes les générations; vous enfin qui, après avoir obligé toute votre vie des hommes que vous aviez forcés à la reconnoissance dans des tems plus prosperes, les aimez encore ingrats, et leur prodiguez encore le seul bien qu'ils n'ont pu vous enlever, votre zèle et la charité chrétienne. O philosophie du dernier siècle! Qu'êtes vous près de celle là?

Vous êtes aussi philosophes, administrateurs vertueux, que le crime a voulu s'associer pour s'honorer de votre mérite, et qui n'avez accepté des places effrayantes que pour sauver de sa rage vos concitoyens; qui avez eu le courage de refuser votre adhésion et même votre ministère aux loix de sang et d'injustice, que des tyrans osoient vous proposer d'exécuter. Ah! si tous les officiers publics eussent été aussi philosophes que vous, que la tyrannie eut été impuissante! Quel compte n'auront point à rendre à leur patrie, à leur conscience, ceux qui ont exécuté l'injustice; elle n'a régné que par eux; un mot vertueux de leur bouche l'eut tuée en sortant de celle des tyrans!

Vous êtes plus complettement philosophes et philosophes illustres, beaux génies, sages et immortels écrivains, qui avez éclairé votre siècle sans corrompre ses mœurs; qui, comme le doux, l'aimable et inimitable Fénélon, avez présenté aux hommes de tous les états, et sur-tout à ceux qui les gouvernent, des vérités douces, des vertus plus aimables encore, sous le coloris brillant d'un chaste pinceau.

Foudroyés par tant de vertus, écrasés sous ce parallèle accablant, la vérité vous l'ordonne, dépouillez-vous du nom irréprochable de philosophes, que vous vous êtes arrogés vous-mêmes, brillans, mais licencieux écrivains de ces derniers tems! Pouvez-vous figurer parmi les sages d'une nation à laquelle vos talens ont été si funestes, dont vous n'avez ménagé ni les mœurs, ni le gouvernement, ni la religion; vous qui avez arraché aux hommes toute consolation, tout principe, toute décence? Si dans l'empire des lettres, vous restez de grands-hommes, chacun dans le genre *utile* où vous avez excellé, cette célébrité juste, mais importune, grossira vos torts de l'éclat de vos talens, en montrant à toute la postérité, la facilité que vous auriez eu de rendre votre nom aussi pur, aussi estimable qu'il est célèbre; tant la morale est la base du calcul du meilleur intérêt en toutes choses.

Ce n'est que dans les grandes circonstances que la vraie philosophie se montre; dans le cours ordinaire des choses, le vrai philosophe ignore lui-même s'il porte la sagesse jusque-là; il remplit modestement ses devoirs, parce qu'il sait qu'il est homme, qu'il a intérêt de ménager les hommes, qu'il a besoin d'être estimé d'eux comme il l'est de lui-même; il va au bonheur ou à la gloire par un heureux élan de ce besoin vertueux, et ne se croit philosophe que quand il a fait preuve de philosophie contre les évènemens qui écrasent les hommes ordinaires, et dans des circonstances où il faut être philosophe pour les secourir.

Aussi c'est à cette épreuve qu'on a vu tant d'hommes de cette dernière espèce, cesser de paroître philosophes, parce qu'ils ne l'étoient pas. L'homme fidèle à ses principes, est le seul qui le soit, et le demeure à l'épreuve de toute révolution; c'est à celui-là à qui s'adresse ce beau vers d'Horace :

« *Et si labatur orbis, impavidum ferient ruinae* ».

Combien

Combien viennent de réaliser à la lettre et jusque sur l'échafaud, cette superbe sentence, que le poëte même ne croyoit qu'une beauté poétique au-delà des forces humaines!

Nous avons dit que la philosophie morale étoit le calcul le plus juste de l'intérêt le plus vrai qu'inspire l'amour de soi le mieux réfléchi; nous avons ajouté que le philosophe, étant le plus éclairé des hommes ordinaires, devoit être le moins dupe des erreurs humaines.

Par conséquent, la science la plus personnellement intéressante au philosophe, celle sur laquelle il lui importe de n'être pas dupe, celle dont dépend son bonheur habituel, la tranquillité de son ame ou le tourment de sa vie, l'estime ou le mépris de ses semblables, enfin son honneur ou son opprobre; c'est la *morale*, et c'est précisément sur la morale qu'il est le plus exposé à être dupe.

Qui le croiroit! Quoique l'Auteur de la nature, qui a rendu la connoissance de la morale si essentielle à notre bonheur, en ait en conséquence marqué dans notre constitution même, les principes sensibles et incontestables, quoiqu'il ait rapproché cette étude de la capacité de tous les hommes, en la rendant extrêmement simple, puisqu'il ne s'agit que de s'interroger soi-même sur les facultés que l'on a reçues, et l'usage que chacune indique à la raison, pour fournir son contingent au bonheur qui nous est destiné ; néanmoins, l'orgueil et les passions humaines, celle de dominer à la tête, ont produit dans tous les tems, dans tous les pays, dans toutes les religions, dans toutes les écoles, une foule de moralistes, qui ne s'entendent ni entr'eux ni avec la nature, qui n'ont pas même encore fixé leurs idées sur la vertu, ni marqué le caractère uniforme du vice, de manière que les uns présentent à leurs disciples, à leurs sectaires, à leurs lecteurs, une morale rebutante, d'une sévérité impraticable qui la fait abandonner des hommes francs, et que les tartuffes seuls saisissent comme un masque, Les autres donnent une morale licencieuse, d'une facilité méprisable, qui la fait rejeter des sages; et très-peu enfin la rendent aussi aimable, aussi praticable, aussi respectable, aussi intègre que la nature l'inspire.

Heureusement, l'amour-propre qui rafine encore plus en morale qu'en toute autre chose, repousse universellement toute morale licencieuse qui ne le feroit point atteindre au but d'estime et de gloire auquel il vise; il adopte même de préférence la sévérité la plus impraticable en morale; hazarde, s'il ne peut y atteindre, d'en feindre l'exécution pour en avoir les honneurs aux yeux d'un vulgaire, toujours admirateur de l'extraordinaire, de l'outré! Et voila la morale des caffards.

C'est derrière ce voile transparent pour les philosophes, et imposant à la multitude, qu'ils nous écrasent de leur sévérité purement spéculative, et forcent les trois quarts du genre humain de feindre comme eux; c'est de ce frêle retranchement qu'ils foudroyent la raison, qu'ils calomnient la nature, qu'ils défigurent la vertu, en la rendant aussi détestable qu'elle est aimable; c'est ainsi que, le front ridé, l'œil morne et sourcilleux, ils s'arrogent tous les droits de la vertu sans la pratiquer, et jettent le vernis du vice sur des vertus vraies, trop simples, trop praticables pour paroître extraordinaires aux yeux hébétés de leurs dupes nombreuses et plus nombreuses qu'on ne le croit.

Mais il vous reste bien de quoi vous consoler d'une injustice si grossière, hommes justes et vrais que l'on calomnie ! La vertu et la vérité vous demeurent en propriété, leur prix est dans votre cœur avec ce qu'elles ont d'aimable et de consolant ; votre propre estime motivée vous dédommage au centuple de l'arrogance d'un sot orgueil ; l'estime de tous les hommes éclairés qui vous connoissent appréciativement, vous venge bien de l'imposture d'un caffard, et de la sottise des brutes qui ne voyent que par lui.

C'est une fatalité bien déplorable dans les choses humaines, qu'il faille étonner la foule par des tours de force, soit du corps, soit du génie, pour capter son suffrage ! Aussi c'est toujours à elle que s'adressent les charlatans, les intrigans, les novateurs, les instituteurs de fausses religions ; c'est en lui commandant l'impossible qu'ils rendent leur morale intéressante, parce qu'elle ravale les grands au niveau des petits ; c'est par elle qu'ils subjuguent même l'élite d'une nation ; les philosophes seuls les méprisent, ils ne les frondent pas, mais ils restent libres. Quels motifs d'instruire le peuple, et de lui mettre en main une lumière qui tue ses charlatans !

Cette heureuse prérogative de la philosophie est d'une importance au bonheur du philosophe, qui exige de lui l'étude la plus approfondie et l'examen le plus sérieux de la morale propre à l'homme, de la morale enfin de la nature, en vertu de laquelle seule il peut s'assurer qu'il est sage, estimable et libre, tant à ses propres yeux qu'à ceux des plus éclairés et des plus sages de ses semblables.

Sans répéter ce que nous avons dit amplement sur cette matière, dans la première partie de cet ouvrage, il suffit de dire ici que l'intérêt le plus vrai de l'amour de soi est de trouver le bonheur où il est, la gloire et l'estime qu'il recherche ; que ce trésor de félicité ne peut se trouver que dans l'accomplissement des desseins de la nature, sur la conservation et la perfection de notre être ; et que le premier usage que le philosophe doit faire de sa raison, avant de s'élancer aux hautes contemplations du génie, c'est de former son cœur par la morale et de l'étudier, non dans les moralistes, mais dans la nature même de l'homme, pour connoître chacune des facultés constitutives avec lesquelles il a été formé, et en faire pour la vie l'usage qu'elles indiquent toutes (mais par des besoins aveugles que la raison seule peut conduire aux desseins de la nature) en l'interrogeant sur le but de chacune d'elles.

Il sait alors que la vertu est d'y atteindre en surmontant toutes difficultés ; que le vice est de rester en-deçà ou de passer au-delà volontairement ; il sait que l'un et l'autre augmentent de degrés ou diminuent d'intensité, en raison de leur rapprochement ou de leur éloignement du but ; il sait que la vertu au suprême degré est l'action difficile que les vrais sages regardent comme la plus utile à la société par son importance, la plus glorieuse à son auteur, par les difficultés qu'il a su vaincre pour y parvenir.

Ce n'est donc point les opinions errantes des moralistes, que le philosophe qui veut éviter d'être dupe, doit consulter, pour pratiquer une vertu et entrer dans la carrière de la gloire ; mais l'assentiment unanime et constant des vrais sages de tous les tems ; eux seuls en sont les juges, eux seuls ont toujours fixé l'opinion sur tout ce qui est d'appréciation, soit en mérite, soit en science ; parce que c'est à ceux à qui la nature, l'étude et les réflexions ont départi les vraies lumières, à éclairer ceux qui en ont moins reçues, ou qui ne se sont pas trouvés à même de les étendre.

Ainsi, point de philosophe, point de sage, sans mœurs, sans fidélité à ses principes ! L'étude et la pratique de la morale sont donc son premier devoir, le premier pas à faire dans la carrière philosophique, avant de s'élancer dans les régions supérieures de la philosophie. *Primùm est sapere quàm, ut talis, erudiri et docere.*

CHAPITRE III.

De la Philosophie dogmatique ou spéculative.

« La philosophie dogmatique ou spécula-
» tive, avons nous dit, est la recherche de
» la vérité dans toutes les sciences exactes
» ou du genre démonstratif, jusqu'à ce qu'on
» l'ait rencontrée et démontrée en principes
» sur chacune d'elles ».

Les sciences exactes sont celles dont l'objet est démonstratif, aux élémens desquelles l'esprit humain peut toucher, si je puis m'exprimer ainsi; aux principes desquelles la raison peut remonter par des certitudes directes et palpables, par des vérités incontestables, et tirer de ces principes des conclusions irréfragables, universellement reconnues vraies par les plus éclairés des hommes, et qui ne puissent sensément se nier.

Tout ce qui dans la nature peut se calculer, se mesurer, se toucher, se comparer d'une manière soit positive, soit abstraite, est du genre démonstratif et devient l'objet des sciences exactes.

Telles sont les mathématiques, qui comprennent les différens calculs et mesurages, la géométrie, la trigonométrie, la méchanique élémentaire; la physique exacte ou expérimentale qui nous a fait connoître et toucher les loix constantes de la nature, etc.

Toutes les connoissances abstraites que l'on peut réduire en propositions évidentes, c'est-à-dire, aux élémens, aux principes desquelles l'esprit humain puisse atteindre par un raisonnement dont la conséquence soit exactement déduite de ces principes et parfaitement d'accord avec ces élémens; enfin tout ce qui est pour la raison concluant, incontestable, réduit en axiômes fixés par l'assentiment universel des vrais sages, des vrais savans, sont aussi des sciences exactes du genre démonstratif, c'est-à-dire, qui montrent la vérité toute entière, déduite des certitudes les plus complettes au philosophe qui la recherche de bonne-foi dans l'étude de ces sciences consolantes: telles sont la logique, la métaphysique rationnelle ou la raison des choses, etc. etc.

Ainsi, celui-là seul étudie ces sciences en

philosophe, qui, après avoir examiné avec une critique impartiale les leçons des grands maîtres, s'élance sans eux dans la même carrière par des routes toutes neuves qu'il sait se frayer, remonte de leurs dernières conséquences aux élémens, en ne s'appuyant que sur des certitudes, jusqu'à ce qu'il ait touché lui-même la vérité démontrée par eux, ou que, se portant plus haut, il en ait rencontré une nouvelle qui ne soit qu'à lui. O propriété délicieuse! La vérité se donne elle-même à celui qui la trouve, pour prix de ses recherches; souvent elle prend son nom et le couvre de sa splendeur et de sa gloire.

C'est au moment de cette union céleste, que le philosophe jouit intellectuellement; c'est alors que l'homme, porté par son génie au conseil des dieux, tient leur secret et connoît le principe des choses; c'est alors que, s'étant élevé lui-même à toute la grandeur de sa nature, la plus haute pensée lui donne le sentiment le plus sublime.

Rendez-nous ce que vous avez senti, heureux spéculateurs! lorsque par vos propres forces vous vous êtes élevés jusqu'à la région d'une vérité inconnue, et qu'après avoir dérobé au ciel ce nouveau rayon de lumière, vous êtes redescendus pour en éclairer la terre ! C'est ce sentiment presque divin que vous exprimiez au milieu de Syracuse, illustre Archimède ! en criant dans l'enthousiasme d'un être qui se sent agrandir : « *je l'ai trou-» vé ! je l'ai trouvé* » ! sans même vous douter que vous étiez nud, sortant des bains où vous aviez trouvé effectivement, par la pesanteur de votre corps calculée par celle de l'eau qu'il déplaçoit, que l'on pouvoit résoudre, par cette donnée, le problême d'Hiéron sur la question de savoir « la quan-» tité de faux alliage que l'ouvrier avoit pu » introduire dans sa couronne d'or, sans » pour cela en détruire le travail exquis » !

De quelles heureuses découvertes les lettres n'ont-elles point été enrichies ! De combien de conquêtes sur la vérité les bornes de leur empire n'ont-elles point été reculées par d'illustres philosophes ! De combien de vérités neuves, géométriques, physiques, logiques et métaphisiques, nos sciences, nos arts, nos écoles ne sont-ils pas redevables à leurs veilles, à leurs méditations, à leurs travaux ! Ces bienfaiteurs du genre humain se sont associés aux dieux pour l'accomplissement du plus beau dessein de la nature sur les hommes,

« *la perfection de l'esprit et l'étendue des* » *lumières* » ; ils mériteroient des autels.

Mais aussi, si le vrai philosophe, le vrai sage, est l'homme perfectionné, rapproché de l'intelligence - principe pour éclairer la multitude, illustrer la société et consoler la terre, le faux philosophe, le sophiste, est l'homme égaré ou perfide ; l'intelligence divine n'éclaire point son esprit orgueilleux ; il ne peut que tromper la multitude, scandaliser la société, couvrir la terre d'erreurs et y creuser des précipices.

« Comment, me direz-vous, peut-il y avoir » de fausse philosophie sur les sciences exactes » dont la vérité est tangible » ?

C'est que, pour saisir et toucher cette vérité qui brille dans les sciences exactes, il faut des mains bien pures, des intentions bien droites, et sur-tout un jugement bien sain :

C'est que, parmi les hommes à grands talens, il y a des esprits qui n'ont pas le sens juste ; et parmi les hommes d'un jugement sain, il y a des ames perverses.

Les premiers seroient excusables, si l'amour de la vérité ne les obligeoit pas de comparer leurs décisions philosophiques avec celles des sages connus, et à faire confirmer leur jugement par l'assentiment universel de ces vrais sages, avant de le donner comme vrai, en document aux hommes. Car le philosophe, le sage n'agit, ne parle, n'affirme qu'avec des connoissances certaines, et il ne peut être assuré de ses connoissances, qu'après les avoir comparées avec le sentiment des philosophes que la postérité a déjà placés au rang de ses juges, qu'après les avoir proposées à l'assentiment de ceux dont la réputation est faite dans la génération présente, s'il s'agit d'une nouvelle découverte.

Les seconds sont des fripons inexcusables à tous égards.

J'ai dit que les premiers seroient excusables sous certains rapports, parce que le sens droit, le jugement sain, est dans l'ame une sensibilité exquise, une finesse de tact, une justesse de raisonnement qu'il ne dépend point d'elle de se donner, qu'elle peut néanmoins acquérir ou rectifier jusqu'à un certain point, avec une extrême attention, un extrême amour de la vérité : c'est un don de la nature, qui communément est moins rare que celui du génie, parce qu'il est plus nécessaire; qui se communique même au vulgaire, mais que cette mère parcimonieuse joint plus rarement qu'on ne pense à celui des grands talens.

En effet, les grands talens tiennent à une grande énergie; cette énergie tient à de grandes passions, et sur-tout à une imagination vive et brillante : ces dons heureux, mais véhémens, agitent trop fortement l'ame pour lui laisser le calme du jugement, le froid de la réflexion, le tems nécessaire pour examiner, peser, comparer les deux contraires et en tirer une proposition vraie.

Aussi est-il passé en proverbe, que « *les* » *plus grands esprits font les plus grandes* » *fautes* »; et malheureusement l'expérience a confirmé dans ces derniers tems, que ce sont les plus grands génies qui ont publié les plus grandes sottises : ce qui est encore plus funeste, c'est qu'ils les ornent de tout le luxe, de toute la richesse de leurs talens; c'est qu'ils les présentent bien plus avantageusement et d'une manière bien plus intéressante, que les esprits justes ne présentent la vérité, parce que, pour professer la vérité en toute chose, il faut la démontrer. Toute démonstration exige de la méthode; toute méthode demande une exactitude de calcul, une précision de raisonnement qui commande un calme de réflexion que le feu du génie aime à troubler pour peindre un beau désordre; calcul dont la sécheresse admet peu d'ornemens, souvent même la raison sage les dédaigne et demeure froide.

Voilà ce qui fait si souvent perdre le procès à la vérité, quand l'éloquence plaide contre elle; parce que l'effet de l'éloquence est d'échauffer le cœur, de s'emparer du sentiment, elle le brûle; elle flatte l'imagination, elle l'enthousiasme : alors la raison, qui soutient la cause de la vérité et qui ne s'échauffe pas, n'est plus entendue.

Voilà ce qui a fait triompher la philosophie moderne, des défenseurs de la vérité : le génie de ses prôneurs les enlevoit, avec la facilité des talens et la majesté de l'art oratoire, à une hauteur où la raison ne monte jamais, parce qu'elle voit cette région au-delà des bornes de discussions de la vérité; c'est l'empire des mots et des peintures imaginaires; c'est-là que montent tous les défenseurs de mauvaises causes; c'est de-là que les factieux commandent à la terre.

Que l'on devroit donc se prémunir de

raison contre les séductions de l'éloquence, si belle, si noble, si intéressante quand elle nous présente dans ses filets d'or, la vérité que la raison a saisie; mais si dangereuse quand elle la déguise sous ses peintures, qu'elle la cache sous ses fleurs, qu'elle l'étouffe sous la pompe de ses mots, et qu'elle lui substitue ses brillans paralogismes !

Voilà ce qui égare la justice de nos juges, ce qui séduit le jugement du vulgaire, ce qui étonne et décide la multitude ; voilà la poudre d'or des intrigans, des charlatans; voilà l'éclair et la foudre des tyrans, des usurpateurs ! C'est du milieu de ces nuées phosphoriques, que, sous prétexte d'éclairer le gouvernement, la religion et les institutions de l'Empire qu'ils convoîtent, ils les foudroyent ; c'est en faisant rouler sur la foule ces tonnerres factices, qu'ils dictent des loix monstrueuses ; qu'ils révèlent de fausses religions, et font pleuvoir des paradoxes sur la société.

C'est cette éloquence verbeuse des intrigans et le défaut de logique de leurs nombreux auditeurs, qui ont fait notre malheureuse révolution. Quel motif de nous méfier, désormais

désormais de l'éloquence, de la citer au jugement de la raison, afin d'en disséquer et d'en peser froidement le raisonnement !

Il faudroit que dans tous les tribunaux la partie publique fût obligée de faire cette dissection logique de tous les grands plaidoyers, et de présenter aux juges, par analyse, l'argument sec de l'avocat.

J'ai dit que ceux qui, avec un jugement sain, un sens droit, employent sciemment la magie de l'art et des talens pour tromper les hommes, étoient inexcusables, et des fripons dignes de l'animadversion de tous les siècles. Toujours, tant qu'il existera des hommes raisonnables, il sera très-intéressant pour eux de repousser, de dévoiler les méchans, les hypocrites, les ennemis de la raison.

Ceux-ci n'ont pas besoin de préceptes sur l'étude des sciences exactes, ils les connoissent et en abusent ; il faudroit contre eux un tribunal de lettrés qui prononçât sur leur attentat à la raison, et qui déclarât mauvais citoyen, indigne des places, tout homme d'État, tout professeur public, tout ministre du culte, qui auroit établi sciemment un faux principe, une maxime dangereuse ou licencieuse.

A l'égard de ceux qui n'ont pas reçu de la nature cette finesse de tact, cette justesse de raison qu'elle n'accorde pas à tout le monde, il suffiroit de forcer tout écrivain de se soumettre à une méthode exacte, dans l'exposé des sciences qui en exigent, et de faire juger et signer leurs manuscrits par de vrais sages, de vrais savans indiqués, avant de les publier à la foule des lecteurs. L'académie, par exemple, n'accorderoit le titre de philosophes qu'à ceux qui auroient conquis la vérité par une méthode judicieuse, et ceux-là seuls pourroient écrire.

On sait que le philosophe étudie la vérité où elle est; qu'il ne s'en rapporte point aux productions de l'esprit humain qui peut avoir été égaré par la fièvre des passions, le délire de l'imagination, les paradoxes d'un jugement faux; mais qu'il la cherche dans les élémens même des sciences exactes, dans les principes incontestables de la raison, fixés par l'assentiment universel, enfin dans les loix constantes de la nature; qu'il monte vers la vérité qu'il adore par tous les degrés decertitudes qui y conduisent, en n'accordant à chacun que le degré de persuasion qu'il commande. On sait qu'il doute de ce qui n'est que probable, en raison de ses degrés de probabilité ; qu'il croit pleinement ce qui est démontré en principes reconnus, soit par une évidence palpable, soit par une analogie inséparable de cette évidence ; qu'il se méfie du témoignage des hommes, lorsque les témoins ne sont point de vrais sages, de vrais philosophes, amis éclairés de la vérité ; lorsque leur témoignage n'est pas constant, désintéressé et tiré d'une chose évidente de sa nature ; qu'il n'y croit plus dans les choses qui blessent cette évidence et les principes universels de la raison, dans les choses qui sont au-dessus de la capacité du concept humain, parce qu'il sait que les hommes dans toutes ces circonstances sont faillibles. Prenez garde qu'il s'agit ici de la vérité dans les sciences exactes.

Ainsi, les vérités suivantes sont évidentes par elles-mêmes. Celle-ci, par exemple, en calcul mathématique : « *deux unités ajou-* » *tées à deux autres donnent le nombre* » *quatre* ».

Celle-ci en géométrie : « *les trois angles*
» *d'un triangle sont égaux à deux droits* ».

Celle-ci en physique : « *l'air est élastique,*
» *compressible, pesant; donc c'est un*
» *corps* ».

Celle-ci en méchanique : « *ajoutez une*
» *force égale au poids qui fait jouer un*
» *mobile quelconque, sa vîtesse sera ac-*
» *lérée du double* ».

Celle-ci en logique : « *une conséquence*
» *déduite de deux principes qui se dédui-*
» *sent aussi l'un de l'autre, est toujours*
» *juste* ».

Celle-ci en métaphysique : « *je pense, donc*
» *j'existe* ».

Les beaux-arts, tels que la peinture, la sculpture, etc. ont aussi leurs vérités ; cette vérité, c'est leur conformité à la belle nature qu'ils représentent, et leur consonnance entière avec le sujet qu'ils expriment, ce que l'on nomme *unité*.

Le bon goût, qui est la justesse de la raison, exige cette vérité, cette consonnance entière ; et la philosophie, qui est la raison perfectionnée, porte la beauté des arts jusqu'à exiger qu'ils soient sages, c'est-à-dire conformes aux loix de la décence et de la beauté morale ; non de cette morale rétrécie jusqu'à la petitesse, mais de celle que les vrais sages, les vrais savans ont déduite des loix éternelles de la belle nature, que l'on nomme beauté d'action et d'exécution.

Je sens que j'ai effrayé la liberté dans l'empire des lettres, en proposant un tribunal de lettrés pour accorder ou refuser le titre de philosophes, celui d'écrivains ; mais mes vœux sont que ce tribunal ne soit composé que de sages et de savans irréprochables, qui, ayant fait leurs preuves au tribunal de la raison universelle, démontrent logiquement au même tribunal les torts, les fautes, les erreurs des candidats où des auteurs accusés ! Que ces fautes soient du ressort des lettres et de la philosophie, je sens combien il sera difficile de composer une assemblée d'hommes aussi rares ! Mais l'importance de ne plus laisser tromper la nation et pervertir l'esprit public par des intrigans, m'empêche de retirer ma proposition à cet égard ; j'y persiste. J'ajouterois même volontiers à ce vœu, celui de voir établir dans les ateliers de charité, des imprimeries pour les ouvrages que ces savans jugeroient dignes d'être imprimés aux frais de l'État, afin de tirer les gens de lettres de la dépendance des riches imprimeurs.

CHAPITRE IV.

De la Philosophie conjecturale ou systématique.

« La philosophie systématique, avons-nous
» dit, est la recherche, l'examen ou l'éta-
» blissement du système qui approche le
» plus de cette vérite inappréciable que rien
» ne supplée, dans l'étude des sciences con-
» jecturales qui ne sont pas du genre dé-
» monstratif, parce que leurs objets, tels par
» exemple que la connoissance de Dieu, celle
» de l'ame, etc. ne se manifestent à nous que
» par leur existence, et nous voilent en-
» tièrement leur essence. Ces objets piquent
» néanmoins assez notre curiosité, pour
» nous engager à remonter à la vérité in-
» connue par des preuves d'analogie avec
» la vérité connue ».

Ces sciences sont : la physique systématique, la médecine rationelle ou conjecturale, la haute astronomie, la métaphysique augurale, etc. etc.

Il n'y a point de système en morale ni en morale politique; par-tout où il faut que l'homme agisse sous peine de crime, de malheur, la nature démontre.

Toute vérité qui, dans l'étude du monde physique ou intellectuel, ne présente qu'une de ses faces à l'esprit humain pique cette curiosité facultative qu'il a reçue de la nature, pour découvrir la face inconnue et le porter par là à étendre ses connoissances, ses lumières jusqu'à ce qu'il ait atteint le degré de perfection dont son intelligence est capable.

D'où je conclus, que si, d'un côté, l'Auteur de la nature a donné à l'esprit humain la faculté d'étendre ses connoissances, avec une dose de curiosité et d'amour-propre capable de lui faire vaincre toute la résistance de sa tendance au repos et les difficultés de l'étude, pour le faire atteindre à sa perfection intellectuelle; de l'autre côté, il lui a marqué les bornes de cette perfection, en lui refusant toute certitude lorsqu'il les a passées.

La raison, cette faculté froide et réfléchie,

ne fait pas un pas à la découverte d'une vérité, qu'elle ne le pose sur un des degrés de certitudes qui y conduisent ; c'est son appui, c'est son tact, comme l'imagination ardente et curieuse, est son principe d'activité.

Lorsque l'imagination, qui n'a que de l'activité sans lumière, se sépare de son principe lumineux, pour s'élancer dans des contemplations qui passent les bornes de certitudes qui dirigent la raison, celle-ci ne la suit point, et celle-là ne rencontre dans cette région exaltée que des chimères ou des absurdités, jusqu'à ce qu'ayant épuisé ce surcroît d'activité qui l'a poussée au-delà, elle retombe dans l'orbe de la raison, et reprenne son cours naturel autour de cette lumière réfléchie.

Par-tout on voit la nature nous ouvrir son grand livre, s'offrir elle-même à toutes nos recherches. Telle une mère tendre et ingénieuse, qui, pour exciter son jeune fils à se confier à la marche, lui tend les bras à une courte distance, puis s'éloigne pour doubler sa carrière lui montrant un appât, un prix à gagner ; elle s'éloigne encore, se cachant à demi ; et si le petit voyageur trop ardent se précipite au-delà, ou, n'écoutant plus la voix maternelle, prend une fausse direction, il manque le prix et fait une chûte dangereuse qui l'avertit d'être plus attentif.

Telle la nature excite les premiers élans de notre esprit, elle étale à nos yeux tout l'éclat de ses richesses, elle se cache à demi dans des mystères dont elle nous dévoile une partie, afin d'exercer notre entendement à deviner l'autre, elle nous montre de loin quelques étincelles de la vérité qu'ils cachent; lorsque nous allons à sa voix pour la saisir, elle s'éloigne encore en laissant sur sa route quelques fractions de cette vérité qu'elle s'est laissé arracher comme par force; lorsqu'on l'atteint elle soutient encore notre ardeur par le piquant de ses résistances, elle offre à l'amour-propre des difficultés à vaincre, afin d'augmenter le prix de ses recherches; elle laisse enfin échapper son secret comme par violence, ce qui ajoute à cette découverte le prix délicieux d'une victoire longtems disputée.

Mais si, fermant l'œil à la lumière de la raison, l'oreille à la voix de la nature comme le jeune étourdi, nous nous écartons ou nous nous portons au-delà, vers l'ombre ou les reflets de cette vérité qu'elle nous montre, nous la manquons, nous ne saisissons que des prestiges, et nous faisons des chûtes humiliantes loin du sentier des connoissances humaines.

Nous l'avons dit ; la raison pressée par la curiosité de l'imagination, ne parvînt à la vérité cachée qu'elle cherche, qu'en s'appuyant toujours sur un des degrés de certititude qui y montent ; dès qu'elle sent cette certitude manquer sous ses pas, elle rétrograde malgré nous ; et si la curiosité emporte l'imagination au-delà, elle entre seule dans l'empire des chimères.

Il n'est qu'un genre de certitude pour nous guider dans cette découverte des vérités inconnues par leurs faces connues, c'est la certitude d'analogie. Quoiquelle ne soit pas aussi démonstrative que les autres degrés de certitude, néanmoins elle satisfait la raison, qui, s'appuyant toujours sur la face connue de cette vérité dans l'étude des sciences conjecturales, s'élève à l'autre en disant : *Si cela est ainsi, par une telle loi, dans la partie que je connois, par la même loi, cela doit être comme cela dans la partie que je ne connois pas.*

Par exemple les propositions suivantes sont

d'une certitude ou d'une évidence analogique.

Celle-ci en physique systématique : (vérité connue) « En creusant dans les parties du » Continent les plus éloignées des mers, on » y a trouvé en couches horisontales, des résidus des différens corps que les mers entraînent dans leurs courans ou leurs marées » et déposent successivement et à la longue » sur leur passage ; tels que des coquillages, » des madrepores, des restes d'animaux pétrifiés, qui ont tous leurs analogues dans » les mers : (vérité inconnue) donc ces mers » ont eu leurs cours sur ces terres dans des » tems reculés. »

Celle-ci en médecine comparé : (vérité connue) « Les houpes ou papilles nerveuses » qui tapissent nos organes et correspondent » au cerveau ou à la moëlle allongée, sont » par leur irritabilité, leur mobilité exquise, » la source de toutes les sensations douloureuses ou agréables que nous exprimons : » (vérité inconnue) nous voyons dans la » dissection des animaux la même organisation, nous leur remarquons les mêmes » expressions ; donc les animaux souffrent » et jouissent aussi bien que nous. »

Celle-ci en astronomie : (vérité connue) « Les planètes nous présentent des faces tan-
» tôt éclairées, tantôt obscurcies progressive-
» ment par l'ombre d'autres planètes inter-
» médiaires qui passent entre elles et le so-
» leil : (vérité inconnue) donc les planètes
» sont des corps opaques qui reçoivent
» du soleil la lumière qu'ils nous refléchis-
» sent. »

Celle-ci en métaphysique augurale : (vérité connue) « L'univers dans sa combinaison
» préalable, dans sa marche régulière et
» harmonique, dans ses rapports avec mes
» sens, annonce à mon intelligence secon-
» daire, l'existence nécessaire d'une intel-
» ligence - principe qui ait conçu tous ces
» rapports ; (vérité inconnue) donc cette
» intelligence a, à un degré infini, c'est-à-
» dire, incommensurable pour nous, toutes
» les perfections de l'intelligence que nous
» avons reçue à un degré fini, tels que la
» science, le jugement, la justice ; parce
» que nul ne peut donner ni s'arroger ce qu'il
» n'a pas ou ce qu'il ne conçoit pas, etc. »

L'analogie a ses degrés de certitude plus ou moins étendus dans l'exposé des vérités émanées des sciences conjecturales ; ces degrés sont, outre l'analogie directe dont nous venons de donner des exemples, la probabilité et la vraisemblance : là, finit l'échelle des certitudes ; c'est le dernier degré où monte la raison ; là, son appui nécessaire sur la partie connue de la vérité qu'elle veut approfondir, lui manque.

La probabilité est la comparaison de la partie inconnue avec la partie connue de la vérité, d'où résultent les mêmes preuves pour l'une que pour l'autre, par exemple : « Je sais que les planètes sont des corps im-» menses analogues en bien des choses à la » terre, que la nature ou son Auteur meut, » éclaire, échauffe avec autant de soins, » de régularité que notre orbe; je sais que, » dans le globe que j'habite, la nature tou-» jours sage, toujours active, toujours éco-» nome, toujours féconde, n'y a rien fait » d'inutile, qu'elle y a manifesté le plus » grand dessein de production, en y semant » les êtres dans les êtres, jusqu'à les nourrir » les uns des autres pour en entretenir plus » dans la chaîne de la vie.

» Je dis, en m'appuyant sur cette vérité » connue, si la nature que j'observe ici, y » est toujours consonnante avec elle-même ;

« si elle y est tellement féconde, tellement
» économe, qu'elle n'ait pas rassemblé six
» atômes de matière qui ne soient un monde
» animé ; il est probable analogiquement,
» qu'elle est semblable à elle-même dans tous
» ces grands globes qu'elle a placés si loin de
» moi, que je ne puis les apperçevoir sans
» instrumens ; qu'elle éclaire, qu'elle échauffe
» comme celui où elle m'a placé, à qui elle
» donne des lumières subsidiaires comme
» notre lune, en raison de leur éloignement
» du corps de feu qui lance ses rayons en-
» flammés sur toutes les planètes du systême
» dont il est le centre, et conséquemment
» qu'ils sont *probablement* habités ; sans que
» je puisse dire pour cela par analogie, quels
» sont ses habitans, parce que leur position
» n'est pas la même dans le systême solaire
» qui influe si prodigieusement sur toutes les
» productions de la nature, parce que son
» Auteur marque ici son goût, sa puissance
» et ses richesses dans la variété infinie des
» formes et des facultés qu'il disperse aux
» êtres qu'il varie *probablement* aussi à l'in-
» fini dans chacun de ces globes. »

La vraisemblance est la similitude la plus approchante qui résulte de la comparaison

que je fais de la partie connue d'une vérité avec la partie inconnue que je conçois, par exemple : « J'ai idée du mouvement qui s'exé-
» eute près de moi, j'en mesure les vîtesses
» et les progressions ; je vois en outre le so-
» leil monter le matin à mon horison, s'élever
» dans le jour et finir sa course en s'abaissant
» dans la partie opposée où je l'avois vu com-
» mencer ; je vois entre lui et moi des globes
» intermédiaires qui m'éclipsent sa lumière
» en raison de leur étendue ; je fais cette si-
» militude, je dis : Ce corps lumineux est
» infiniment loin de la terre, puisque d'autres
» planètes plus grosses qu'elle, et qui me
» paroissent si petites à cause de leur énorme
» hauteur, passent au-dessous entre lui et
» moi ; il lui faudroit donc pour courir
» les espaces du cercle qu'il paroît décrire
» en vingt-quatre heures, une vîtesse telle-
» ment incompréhensible, tellement hors
» de comparaison avec tous les degrés de vî-
» tesse que je puis imaginer, qu'elle me pa-
» roît absurde ! Alors, en rapprochant immen-
» sément de ma conception la mesure de la
» vîtesse que Copernic donne à la terre pour
» épargner cette course au soleil, quoiqu'elle
» soit encore bien au-delà de tous les degrés

» d'accélérations que je connoisse en vîtesse,
» je dis avec cet habile astronome, il est plus
» *vraisemblable* que c'est la terre qui tourne
» sur elle-même dans ces vingt-quatre heures,
» d'autant plus que les phénomènes célestes
» s'expliquent dans son systême, encore
» mieux que dans celui de la course épou-
» vantable que Ptolomée fait faire au soleil
» dans le sien. »

Néanmoins, comme on ne peut affirmer la vérité de ces découvertes par une preuve directe, d'où résulte une certitude irréfragable, ces preuves d'analogie n'établissent que des systêmes dont absolument la contradictoire pourroit être vraie.

Les systêmes ne sont donc que des conjectures raisonnées, qui ont plus ou moins de certitude, selon qu'elles s'éloignent ou se rapprochent de la partie intengible de la vérité par son analogie avec la partie tengible.

C'est dans cette carrière systématique où les philosophes de toutes les classes, de toutes les sectes, de toutes les capacités, se sont élancés à l'envi ; parce que c'est-là où l'amour-propre a le plus à moissonner et où l'imagination l'imagination supplée le plus aux lumières de la raison.

Si un heureux et sage spéculateur rencontre la partie inconnue de la vérité qu'il cherche, il doit cette découverte à sa sagacité, à ses travaux, elle est à lui ; et, s'il la présente aux hommes dans un systême ingénieux et probant, c'est un don magnifique qu'il leur fait : quelle gloire ! quelle juste jouissance pour son amour-propre !

De même, un faux observateur qui s'est élancé au-delà des mondes possibles et en a créé un d'imagination, orné de tous les appareils de la vérité, enchassé dans un systême parfaitement enchaîné où il ne manque que la vérité du principe ; il est sûr des applaudissemens de la foule des lecteurs ; et, si les plus difficiles n'admettent pas ses suppositions, au moins ils admirent son adresse, son génie dans la texture de son systême ; et c'est toujours autant pour l'amour-propre. C'est ainsi qu'on a admiré dans ce siècle le beau délire du grand Buffon ayant rendu à la nature son pinceau, pour s'élancer sur une commète, heurter le soleil et nous peindre en traces de feu l'origine de notre systême planetaire. Ce fut ce mauvais goût des choses extraordinaires qui fit rêver tous nos derniers philosophes sur des objets bien plus usuels, bien plus essentiels à notre bonheur; et nous les avons portés là, en les admirant, dernier degré de la dépravation des lumières.

Résumons donc les règles et les principes de la philosophie systématique ! nous ne saurions trop les répéter, afin qu'on sache discerner dans une matière aussi importante les vrais philosophes qui nous éclairent, des faux qui nous égarent, et que l'on soit à même de discuter leurs systêmes, pour connoître les degrés de certitude qu'ils méritent.

Première règle. « *Il faut que l'on con-* » *noisse bien la partie de la vérité, dont* » *on veut mettre la partie inconnue en sys-* » *tême.* »

Seconde règle. « *Il faut que le systême sur* » *la partie inconnue de cette vérité, lui* « *donne un degré de certitude analogique* » *avec la partie connue.* » Voici ces degrés de certitude.

« Le premier est la démonstration ana- » logique qui donne une presque conviction » qu'on énonce par ces paroles : *Cela est* » *conséquent, on en sent toute la vérité,* » *il ne manque que de la toucher pour en être*

» *encore plus certain.* Tel est le systême » exposé ci-dessus sur l'opacité des planètes.

» Le second degré est la probabilité qui » approche de la preuve, mais qui, la » laissant à faire, faute d'une donnée palpa- » ble, laisse un doute qu'on exprime par ces » paroles : *cela est probable, mais on ne* » *sauroit l'affirmer.* Tel est le systême de » Fontenelle, sur la pluralité des mondes.

» Le troisième degré est la vraisemblance, » c'est-à-dire, qui ressemble à la vérité con- » nue, mais qui, n'étant point elle, laisse » une hésitation, un doute dont on exprime » le degré par ces paroles : *cela est vraisem-* » *blable, cela pourroit être, cela est pos-* » *siblè, mais aussi cela peut ne pas être.* Tel » est le systême de Copernic ».

Ainsi, tout systême qui n'a pour base aucune vérité connue, est un rêve où l'imagination a tout créé, à l'absence de la raison qui ne quitte jamais la partie connue d'une vérité, pour toucher par analogie à la partie inconnue ; tout systême qui ne donne aucun degré de certitude analogique entre la vérité connue et la face inconnue de cette vérité, ne mérite aucun degré de foi de la part d'un être sensé ; tels sont la plupart des systêmes des prétendus philosophes anciens et modernes, soit sur l'origine et la fin de toutes choses où il n'y a point de donnée, soit sur des traditions qui ne donnent point de certitudes, soit sur la nature des êtres qui sont hors des limites de nos connoissances.

Comme la plus heureuse prérogative de la raison et de la philosophie est d'être le moins possible dupe des faux raisonnemens des hypocrites, des intrigans et de tous les préjugés que des méchans ou des ineptes ont établis, avec lesquels ils tyrannisent leurs dupes, sur-tout en matière de religion, où les systématiques commandent même à la conscience qu'ils pervertissent, nous examinerons leurs systêmes religieux, avec une critique philosophique, dans la quatrième et dernière partie de cet ouvrage qui n'est qu'une extension, une des branches principales de la philosophie systématique ; car tous les systêmes religieux de la terre sont l'ouvrage des philosophes : nous allons de bonne-foi entrer dans l'examen du meilleur systême religieux, en suivant les principes philosophiques et les règles de critique que nous venons d'établir.

Fin de la troisième Partie.

QUATRIÈME ET DERNIÈRE PARTIE.

Des principes Religieux.

CHAPITRE PREMIER.

Du sentiment religieux dans tous les hommes.

LA nature a mis dans le cœur de l'homme la religion en sentiment, et les philosophes ont mis dans sa tête ce sentiment en système : je les cite l'une et l'autre au tribunal de la raison, pour terminer, s'il est possible, un procès qui dure depuis des siècles sur le meilleur système en religion.

Je vois les philosophes de tous les âges s'avancer avec assurance vers un tribunal où tous se croyent en faveur, les mains pleines de systêmes religieux, dont aucuns ne se ressemblent, se querellant entr'eux sur la préférence à laquelle ils prétendent, et se réunissant tous contre la nature.

Je vois la nature toute défigurée sous leurs systêmes, le sein percé par ceux de ses enfans qu'elle avoit le plus richement dotés, qui ont tenté de lui arracher tout principe de vie, d'intelligence, d'ordre et de mouvement, ne traînant qu'un cadavre d'atômes accrochés au hasard, une organisation sans plan, une vie sans ame, une existence sans principe final : je la vois s'avancer dans le vuide, conduite par un aveugle destin; elle vient dénoncer à la raison les plus hardis philosophes, non pour l'avoir voulu réduire en ce triste état, elle saura bien s'en relever; mais pour avoir voulu, en dernier lieu, arracher tout sentiment religieux du cœur de l'homme son fils aîné, et le laisser flottant au gré de ses humeurs, en proie à ses passions, victime sans ressource et sans consolation de tous les inconvéniens et les malheurs de sa faillibilité.

Guidée par l'amour de ses productions les plus chères, cette mère universelle, à qui les adversaires refusent tout principe d'intelligence, vient avec des entrailles plaider leur cause importante au tribunal de cette même raison, dont ceux-ci ont tant abusé contre elle : certainement ce juge n'est point récusable pour des philosophes.

Assis les uns et les autres sur les ruines du monde politique, moral et religieux, dont ils ont décroché les atômes métaphisiques, qu'ils écoutent, au moins pour la première fois en silence, la cause que la nature va plaider devant la vraie philosophie pour la foule de ses enfans, contre le petit nombre de faux philosophes qui les égarent !

Si les plus beaux génies, les hommes les plus instruits, les meilleurs écrivains de tous les siècles, soutenus et excités par de la considération, inspirés et dirigés par une éducation soignée, et éclairés par de la philosophie, sont tombés avec leurs systêmes pernicieux dans l'abîme qu'ils ont creusée eux-mêmes sous le trône et l'autel ; si, avec tant de moyens contre l'erreur et la foiblesse, ils n'ont pu se soutenir dans une vie irréprochable, je ne dis pas en morale sévère, mais dans leurs propres principes écourtés ; que veulent-ils donc que deviennent les mœurs de la foule immense des hommes qui n'ont reçu ni leur éducation, ni leur talent, ni leur philosophie, s'ils leur arrachent encore le sentiment religieux, seul supplément aux lumières, à l'étude, à l'éducation ; seul genre de philosophie infuse qu'ait reçu cette multitude d'hommes qui ne sont point en état d'en discuter une plus profonde pour l'adopter avec connoissance de cause ?

Le genre humain, ou la plus forte partie de la société seroit-elle donc destinée, par sa propre nature, à n'être que le jouet des systêmes du petit nombre ? Ce seroit la race la plus malheureuse, la plus négligée ; que dis-je ! la plus sacrifiée de tout ce qui a vie sur la terre : une marâtre, une furie auroit donc produit la presque totalité des hommes, pour se rire de leurs méprises, s'amuser de leurs sottises et savourer leurs malheurs.

Le principe moral, qui est l'intérêt le mieux calculé de l'amour de soi le plus éclairé, n'étant tel qu'en raison des lumières qui le calculent, n'est pas autant à la portée des uns que des autres : si, comme nous l'avons dit, l'homme le plus heureusement né, avec de l'étude, de l'éducation, et même de la philosophie, se soutient à peine dans les sentiers difficiles où conduit ce principe moral, la grande majorité de l'espèce humaine, qui manque de presque tous ces moyens, aura donc bien des motifs de se plaindre de la nature, bien des excuses à lui fournir pour son immoralité, si elle n'a pas suppléé à l'inégalité de ses dons en lumières, en talens, par un sentiment, un instinct, si je puis m'exprimer ainsi, qui soit plus égal entre les hommes, qui n'exige pas tant de ces réflexions, de cette justesse, de ces lumières dont elle est si avare envers le grand nombre, mais qui conduise la foule à qui elle les refuse, au même but moral que ce petit nombre de privilégiés à qui elle les prodigue, par un renforcement de principe en faveur des premiers.

Si ce supplément est aussi nécessaire qu'il le paroît, ne doutez pas, sublimes philosophes! que la nature ne l'ait accordé à tous les hommes : si vous l'avez étudiée avec l'attention qu'elle mérite, vous avez dû vous convaincre qu'elle n'a point manqué à l'homme dans toutes les nécessités qu'elle lui a imposées, et qu'elle lui a donné tous les moyens de parvenir au but de conservation physique et de perfection morale auquel elle l'appelle.

Pour vous en assurer encore plus, ouvrez l'antique porte-feuille de la philosophie de tous les siècles, l'histoire du genre humain de tous les pays, les archives des nations, la constitution des empires, les us et coutumes des peuples ; fouillez votre propre cœur, enfin disséquez l'homme, étudiez dans son sein sa constitution morale et physique! Et je passe condamnation au tribunal de votre propre raison, si une seule de ces voix que j'invoque en preuve de ma cause, est muette sur l'existence du sentiment religieux que vous avez en vain tenté d'étouffer dans son ame. Vos prosélites ou vos dupes ont bien pu lui arracher la fortune et la vie ; mais ce sentiment, ce ressort religieux qu'il a reçu de la nature, retrempé dans son sang ou dans ses larmes aux jours terribles de votre dernière et savante révolution, n'en est devenu que plus fort, que plus nécessaire. Prouvons ce que nous avons avancé :

1°. Ouvrez, comme je vous le disois, le porte-feuille de la philosophie, et lisez dans les fragmens qui nous restent des plus anciens philosophes, comme dans les pages plus entières des modernes, ce qu'ont pensé, ce qu'ont écrit tous ceux qui ont reçu ou usurpé le nom de sage ! Et par-tout vous y verrez des recherches sur la Divinité, sur le sort de l'ame après la vie, sur l'origine et la fin de toute chose, sur la morale toujours étayée de la religion.

C'est ce sentiment que vous exprimiez, sage Confutzé, ancien Brama, premier des Zoroastres, immortel Socrate, divin Platon, savant Aristote, stoïque Caton, aimable Fénélon ! C'est le même sentiment qui vous brûloit, disciples de ces grands-hommes, dans les écoles de Banarès, de Mynphis, de Pékin, de la Caldée, de la Perse, au portique de Sparte et d'Athène, dans les académies de Rome, de France, d'Angleterre et de toute l'Europe ; et vous-mêmes philosophes systématiques de tous les siècles ! Le second des Zoroastres, Jerombal, Cecrops, Thalès, Pherecide, Pythagore, Zenon, Numa, Lelius, Furius, Cicéron, Neuwton, Lock, Voltaire, Jean-Jacques, etc. etc., tous vous avez été inspirés, dévorés, subjugués par ce sentiment irrésistible, cette flamme religieuse, dont la nature a caché une étincelle dans tous les cœurs qu'elle a formés ; tous vous avez expmé dans vos écrits, plus ou moins religieusement, votre hommage à la Divinité et au culte qui lui est dû : il est aisé de s'en convaincre en vous lisant.

Quelle masse imposante de témoignages en faveur de ma cause, que celui de presque toute la philosophie, contre quelques athées farouches et solitaires, qui n'ont jamais été assez nombreux et sur-tout assez forts en raisonnement, pour réussir à mettre en vigueur dans un seul gouvernement leur doctrine dissolutive de toute société! En vain même l'ont-ils tenté sur la France dans ces derniers tems, au milieu de l'égorgement et de la persécution de tout ce qu'il y avoit d'hommes de bien, de français cultivés! Cependant ils ne furent jamais si forts, si réunis, si nombreux, et la France systématisée par eux, vit surgir sa religion de tous les cœurs dont elle paroissoit bannie depuis long-tems.

Donc la majorité des philosophes de toutes sectes, écrase la foible minorité des athées, que le reste du genre humain étouffe comme des monstres dans l'histoire.

2°. Ouvrons les fastes humains? Parmi tous les peuples qui ont un mot d'histoire, les premières pages sont consacrées à leur religion, à leur culte ; tous citent les fondateurs de ces religions, les temples célèbres qu'ils ont élevés à leurs divinités vraies ou fausses; et plusieurs vont même jusqu'à se donner une origine divine : par-tout on remarque plus d'excès en religion qu'en impiété, et qu'aucun peuple ne fut athée. Je ne cite point, parce que je parle à des philosophes à qui il s'agit de dire, *tolle et lege* ! Je suis sûr qu'ils ne me mettront point en défaut sur ce que j'avance ; continuons !

3°. Toutes les nations qui ont eu des archives, une constitution, présentent des titres authentiques de leur respect pour la religion de leur pays, souvent elle est mêlée au gouvernement ; plusieurs même de ces gouvernemens, tels que celui des juifs, du grand Lama, du Tibet, du Japon, ont été ou sont encore théocratiques, nul ne fut athée.

Tous les vrais sages qui ont voyagé, pour chercher la vérité dans les contrées célèbres et même sauvages, où ils la croyoient cachée, nous ont fait des rapports qui annoncent par-tout l'activité de ce sentiment naturel.

D'après une telle série de suffrages, je ne

crois pas devoir refuter sérieusement au tribunal de la raison, les rapports hasardés et insignifians de quelques voyageurs marchands qui, tout en calculant leur intérêt, prétendent avoir remarqué quelques hordes de sauvages, ivres des liqueurs fortes qu'ils leur distribuoient pour leurs pelleteries, dans lesquelles, disent-ils, ils n'ont vu aucunes traces de religion.

Outre que des assertions aussi sérieuses, données par des commerçans, me paroissent bien légères, bien suspectes, je dis que, quand même elles seroient fondées, elles ne prouveroient rien contre l'opinion générale, sinon que ces sauvages, sans doute au premier pas de la civilisation, n'étoient point encore convenus d'exprimer, par un culte public quelconque, le sentiment religieux que chaque homme a reçu individuellement de la nature, avec la crainte et le besoin des êtres supérieurs. L'établissement d'une religion nationale annonce un peuple très-avancé en civilisation.

4°. Ce sentiment religieux, est tellement un besoin, une affection naturelle, une faculté constitutive avec laquelle l'homme a été construit, que dans tous les dangers, les infirmités, les revers, les malheurs qu'il éprouve, au milieu de tous les accidens qui le ménacent, de toutes les erreurs dont ses passions le rendent susceptible, de toutes les chûtes auxquelles sa foiblesse l'expose, lorsque ses semblables, aussi violens, aussi injustes, enfin aussi faillibles que lui, le persécutent, le dépouillent ou le méprisent; lorsqu'ayant recours à des amis aussi légers que lui, ils l'abandonnent; sa pensée, son cœur, ses yeux, ses mains, ses cris s'élèvent vers le ciel, se tournent vers un protecteur invisible; il invoque les secours d'un être puissant et juste par nature, meilleur que les hommes! ou il lui offre avec une résignation héroïque, une patience stoïque, le sacrifice de ce qu'il a de plus cher, il lui remet sa vie et son esprit, dans l'espoir qu'il retrouvera en lui tout ce qu'il a perdu sur la terre, un père plus tendre ou au moins plus puissant, un ami plus sûr, un juge plus juste, en un mot un sort plus heureux.

Qu'on me nie ce fait! et qu'au même instant on prête l'oreille, on promène ses regards sur la France désolée; des milliers de bras levés vers le ciel dans ce moment désastreux, l'attesteront au septique le plus systématique et le plus déterminé ! Et le nom de Dieu mille fois répété au milieu des sanglots et des soupirs, parti de ces milliasses de maisons où l'on a des pertes sensibles à pleurer, lui portera la conviction dans le cœur, et la religion triomphera malgré lui, dans ses yeux ondoyés.

Comment nier l'existence de ce sentiment sublime et nécessaire, sur-tout aux malheureux, quand on l'a vu si unanimement exprimé, et d'une manière si touchante, si édifiante par cette foule épouvantable de captifs entassés, pressés les uns sur les autres, sous le poids de leurs fers, dans ces cachots infects, dont la France fut couverte, pour y anéantir ce sentiment ; lorsqu'on l'a vu dans toute sa sublimité, sur la face tranquille de ces nombreuses victimes qui ont porté sur l'échafaud la résignation, le calme, la sérénité, que dis-je ! la joie que la religion seule peut inspirer, au moment où il faut tout perdre sur la terre, où il ne reste d'objets de joie et d'espoir qu'en Dieu seul ; combien de fois la hache meurtrière a-t-elle coupé l'expression touchante de ce sentiment avec l'organe qui la prononçoit hautement !

C'est un préjugé, me direz-vous, auquel l'homme

l'homme foible ou flétri par le malheur sacrifie !

Mais les hommes de l'élite, les hommes à grand caractère, à grands talens, les vrais philosophes, étoient-ils des hommes à préjugés? Voilà cependant la classe qui a péri en bénissant Dieu, en le priant pour leurs assassins, pour leur patrie : mais les septiques, les sophistes, les prétendus esprits forts, les athées par principes, étoient-ils esclaves de prétendus préjugés qu'ils ont tant combattus, contre lesquels ils ont écrit tant de volumes; ces têtes altières, et qui se disoient fortes, étoient-elles baissées, affoiblies, lorsque confondus par la providence avec cette classe que l'on égorgeoit, lorsqu'en conversant, en discutant, en écrivant avec elle dans les prisons, d'une manière réfléchie et énergique, ils se sont laissés convaincre la plupart; et ceux qui n'avoient que des erreurs et non des forfaits à se reprocher, ne les ont-ils pas expiés, par une abjuration publique et complette? Enfin, en périssant pleins de vie et de santé, n'ont-ils pas sacrifié à ce sentiment, d'une manière toute particulière, sans aucune suspicion de foiblesse ou de préjugés! Des philosophes tels que Thomas

Raynal, Laharpe et autres de la secte académique; voilà sans doute des témoignages irrécusables, en faveur de mon assertion!

Les scélérats mêmes, à qui la conscience reprochoit des crimes irréparables, n'exprimant que du désespoir, en rendant une ame affreuse à la justice divine dont ils sentoient le bras les frapper sur les échafauds, ont prouvé l'existence, l'énergie et la nécessité de ce sentiment régulateur qui les accabloit de reproche et les livroit au désespoir. Qui de sensé voudroit risquer une telle mort?

Si le sentiment religieux est l'effet d'un préjugé; assignez-moi donc l'époque où il a commencé? le pays où il n'existe pas! et s'il est universel, convenez qu'il est dans la nature, et que loin d'être un préjugé de l'esprit, c'est une affection du cœur.

Oui, une affection, je dirois presque une force physique; car, dans la crainte du danger j'éprouve un frémissement religieux, qui, loin d'être une foiblesse, me fortifie contre ses atteintes; dans un salut inespéré, je tombe aux pieds d'une providence, tout brûlant de reconnoissance; dans la défection de mes amis, de mes parens, de ceux que j'ai le plus aimés, mon cœur aimant se tourne vers le seul être à qui je dois tout, qui peut me tenir lieu de tout, et qui ne m'a produit que par amour.

Quel vuide affreux, si mon cœur affligé se repliant sur lui-même, ne trouvoit plus à qui s'adresser ! Qui aimer, si cet être consolateur n'existoit plus pour lui ! Oui, c'est cette affection naturelle qu'exprime avec tant d'énergie le malade que toutes les autres affections abandonnent; l'homme disgracié que tous ses semblables fuyent, le vieillard qui n'a plus d'autres consolations sur la terre.

Dira-t-on que c'est encore là une erreur du cœur humain, un fantôme créé par l'amour de soi, un prestige de l'imagination ! Soit, il n'en existe pas moins, il n'est pas moins universel; toutes les affections, tous les sentimens du cœur humain ne s'expriment pas mieux que celui-là ; tout est donc prestige dans la nature de l'homme !

Mais, loin que cette affection religieuse soit une erreur, un fantôme, auquel la nature nous livre, je dis que c'est une faculté constitutive et réglementaire qu'elle nous a donnée, et je le prouve.

Un sentiment qui double de force le principe de la morale politique et personnelle, qui le rapproche de la multitude, qui supplée aux lumières, aux talens, à la philosophie dont le grand nombre n'est pas susceptible, qui resserre les nœuds de la société, qui remplace même les loix lorsqu'elles manquent ou qu'elles sont mauvaises, qui suit l'homme dans toutes les circonstances de sa vie, dans les lieux les plus écartés, dans le plus profond replis de son cœur, pour l'engager, l'obliger même d'être fidèle à la morale; un tel sentiment n'est certainement pas une erreur, un fantôme, un prestige; mais bien une faculté nécessaire pour régler la vie.

Or, il nous est aisé de nous assurer si ce sentiment, cette affection religieuse produit sur l'homme tous les effets que j'annonce, nous portons la preuve avec nous.

1°. Il double de force, comme nous l'avons dit, le principe de la morale politique et personnelle.

Ce principe morale, nous le sentons, est l'intérêt éclairé de l'amour de soi; la raison, cette faculté froide et réfléchie, ne peut calculer que dans le calme, cet intérêt pressant, contre les prétentions de l'amour aveugle de soi même, vivement sollicité de jouir, entraîné, brûlé par les passions auxquelles cet intérêt n'en impose pas toujours. Le sentiment religieux centuple cet intérêt du moment, en lui ouvrant un intérêt infini dans une vie future, en montrant à l'ame, d'un côté, un rémunérateur nécessaire, présent, puissant, magnifique et bon, qui ajoute au bonheur que laisse le bien dans celui qui l'opère, l'espoir d'une félicité qui ne finira plus; d'un autre côté, un vengeur témoin du mépris de ses loix qui ajoute à la peine que le crime inflige à celui qui le commet, l'aspect épouvantable d'une punition ultérieure que la justice exige, et dont la raison ne peut mesurer ni l'étendue, ni la durée.

2°. Ce sentiment qui circule avec la vie, dans tout l'homme, qui s'offre à sa pensée, qui brûle son cœur, qui fait frémir sa conscience ou la calme à son gré, qui le suit partout; ce sentiment qui n'exige aucune discussion, rapproche de la multitude le principe d'une morale qui lui est encore bien plus nécessaire qu'à ces classes cultivées chez qui la raison, les talens, les lumières, la philosophie peuvent en quelque sorte suppléer à la religion: tous les hommes agissent par intérêt, mais tous ne calculent pas également bien cet intérêt ; combien de lumières de réfléxions ne faut il pas à l'homme passionné, pour voir que son véritable intérêt n'est pas de sacrifier à l'attrait d'un plaisir, d'une passion, d'une tentation, d'un avantage momentané ; mais qu'il faut résister à tous ces penchans séduisans, à toutes ces jouissances, à tous ces avantages palpables, pour voir au-delà un intérêt moins palpable et plus éloigné, moins vif et moins sensible, qui va coûter tant de privations et de combats ; tandis que l'affection religieuse, aussi prompte, aussi vive, aussi brûlante que les autres affections passionnées, est toujours là, pour frapper la conscience, pour remuer le cœur, effrayer l'esprit en le portant sous l'œil vigilant et terrible d'un vengeur, sous la main bienfaisante d'un rémunérateur.

Quelle force contre ses passions ! quelle lumière dans les ténèbres de son esprit ! quel calculateur contre les erreurs des tentations ! quelle affection régulière contre les désordres des autres affections de son cœur !

3°. J'ai dit que ce sentiment resserroit les nœuds de la société ; c'est lui qui inspire l'amour, la crainte et le respect filial qui réunit les enfans sous l'autorité paternelle ; c'est lui qui fait briller un glaive à deux tranchans sur la tête du prince qui gouverne, et qui ne connoît point de supérieur sur la terre ; c'est lui qui établit dans son cœur ce tribunal intime de justice qu'il porte avec lui, où tous ses abus sont cités ; c'est une voix céleste qui retentit jusque dans sa conscience, et lui crie : « que les hommes qu'il dirige sont ses frères, » et non des esclaves, et qu'il en rendra comp- » au père commun » !

4°. Ce sentiment enfin est une législation intime qui supplée à tout ce que la législation de l'État a de défectueux ; c'est un témoin qui suit l'homme passionné ou criminel, dans tous les lieux où il peut fuir l'œil de la police ; c'est un juge céleste qui prononce, quand ceux de la terre ne sont pas à même de prononcer ; qui condamne, quand ceux-ci absolvent, et qui absout quand ceux-ci condamnent injustement.

Quand on pense que le plus grossier, le plus ignare, le plus vilement tenté des hommes, est précisément celui à qui cette voix intérieure, cette affection salutaire, ce sentiment universel, se fait le plus entendre et le plus vivement sentir, on ne peut s'empêcher de s'écrier avec un homme qu'on n'accusera pas de préjugés religieux,

« Si Dieu n'existoit pas, il faudroit l'inventer ».

O philosophes ! qu'aviez-vous donc à gagner, en cherchant, contre ce principe de votre chef, à anéantir ce qu'il eut fallu inventer s'il n'eut existé ! Ah ! l'expérience du malheur vous a convaincus comme les autres de la vérité de ce principe, si ce n'est pas en philosophes religieux, c'est au moins en politiques ; voilà l'hommage forcé que vous lui avez rendu jusqu'au milieu d'une assemblée de législateurs, lorsque frappés de l'impulsion étonnante avec laquelle les Français retournoient à la religion de leurs pères, qui renaissoit par-tout de sa cendre, vous avez dit par la bouche de vos suppôts, ces paroles remarquables, « puisque c'est une maladie de » notre pauvre espèce, rendons-lui donc son » culte superstitieux ».

Plus malades que le reste de l'espèce humaine, n'êtes-vous pas vous-mêmes effrayés du vuide affreux dans lequel votre ame pèse vos malheurs et vos égaremens ? Les bévues impardonnables que vous avez fait commettre à la politique, les maux incalculables que vous avez attirés sur votre patrie, la masse de responsabilité ou au moins d'indignation que vous avez accumulée sur vos têtes, l'essai aussi cruel qu'inepte que vous avez voulu faire sur vos compatriotes pour résoudre ce problême ancien « Si une société d'athées » pouvoit subsister en empire; et si le néant » pouvoit remplacer dans la nature le prin- » cipe d'intelligence qu'elle annonce » ?

Toute la nature en désordre, toute la société dissoute, toute l'Europe enflammée, toute la terre couverte de sang et de cadavres, toute la race humaine inquiette, vous crient que *non* ; que ce problême affreux est une question contradictoire sur les impossibles, qui blesse l'évidence ; que le sentiment religieux est bien moins une maladie de l'espèce qu'une faculté nécessaire et éclairée à laquelle vous obéirez malgré vous, et qui, si elle ne fait pas votre bonheur, fera votre tourment.

Fût-ce même un préjugé dont l'objet n'existât pas réellement, convenez qu'en créant l'homme passionné, libre et moral, vous auriez cru nécessaire de lui mettre cette chimère utile dans la tête. Donc l'Auteur de la nature, en lui donnant cette faculté religieuse pour diriger les autres au mieux possible, a terminé sa constitution morale par un coup de maître. Il s'agit de vous démontrer maintenant qu'il ne l'a point trompé.

CHAPITRE II.

Développement du sentiment religieux sur l'existence de Dieu.

L'existence, l'universalité du sentiment religieux une fois prouvée, l'existence du Dieu qui l'inspire et qui en est l'objet, devient une vérité corrélative, une conviction égale à la première.

Je ne discuterai point avec Lock, si cette conviction est innée ou acquise dans l'entendement humain; je dirai qu'étant inséparable du sentiment religieux, elle existe de fait universellement avec lui, soit comme faculté qui se développe, ainsi que les autres, avec les réflexions et les besoins de l'individu, soit comme vérité acquise à l'école de la nature dont le grand livre est ouvert à cette page aux yeux les moins clairvoyans.

Mais une vérité de fait contre laquelle il n'y a point de réponse, c'est que la généralité bien prononcée du genre humain est convaincue de l'existence de l'Etre qui a formé les hommes autant religieux que raisonnables.

Voilà une unanimité de sentimens et de témoignages qui vaut seule plus que toutes les preuves spéculatives que la sagacité de l'esprit humain a pu tirer de tout le reste de la nature en faveur de l'existence de Dieu ; car nous avons mis en principe : « *que* » *la raison universelle, que l'assentiment* » *général ne trompe jamais* », et l'expérience confirme ce principe.

Comparez maintenant à la simplicité, à la solidité de cette preuve sentimentale, les subtilités métaphysiques, les efforts gigantesques des athées pour l'anéantir, et voyez si cette conviction générale en a jamais été ébranlée.

En vain ont-ils voulu couvrir de mépris cet assentiment unanime, l'écraser sous des sarcasmes grossiers, en le traitant « de maladie » de l'esprit, de foiblesse d'organes, de pré» jugés de l'enfance, d'idée sans représen-

» tation, de pauvreté populaire; etc. », ni leurs brillans systêmes, ni leurs invectives amères, n'ont rien changé à la persuasion générale de l'existence d'un Dieu; elle est demeurée inébranlable comme une loi éternelle de la nature : au contraire, ils n'ont fait qu'accroître le mépris et l'indignation dont la société des hommes les a toujours couverts dans tous les siècles; enfin, les derniers efforts qu'ils viennent de faire dans cette révolution, pour en abolir les moindres traces, n'ont donné à ce sentiment que plus d'énergie, à la raison et à la société qu'une preuve de plus de la nécessité de la doctrine qu'ils vouloient anéantir.

Les mal-adroits! Ignoroient-ils donc que l'athéïsme ne fut jamais que le fruit corrompu de la prospérité, une superfétation de l'abondance. Il falloit donc, au lieu de plonger les Français dans un déluge de maux qui appellent un consolateur, verser sur eux en torrent cette abondance, cette volupté qui corrompt le cœur, et faire dire à l'impie : « *itaque epulemur, cras enim moriemur* ». Mais je vois la difficulté; c'est qu'il falloit rendre ce torrent de délices intarissable comme la divinité qu'il devoit remplacer : car, au premier revers, Dieu auroit été invoqué, l'athéïsme abhorré et les athées chassés.

D'où je conclus que, si cette conviction est un préjugé, il faut convenir qu'il est terrible contre l'athéïsme ; si c'est une maladie de l'espèce, elle est incurable, elle est passée en seconde nature ; si c'est un effet de l'éducation, il faut convenir que tous les hommes, toutes les nations si différentes entr'elles, ont eu quelques fortes raisons d'admettre le même mode d'éducation à cet égard pour leurs enfans ! Examinons maintenant quels ont été leurs motifs de conviction ; s'ils sont de nature à former une preuve démonstrative de l'existence de Dieu ; en suite nous repondrons aux objections que les athées leur opposent.

Je veux que le sentiment religieux, dont la nature a paitri le cœur de l'homme dans toute la race humaine qui habite la terre d'un pôle à l'autre, sans que les distances énormes, les défauts de communication, la variété des climats, des mœurs, des langues, des espèces, des couleurs, y ayent mis d'autres différences que celle de l'exprimer à leur manière, ne soit point une démonstration philosophique de l'existence de l'Être suprême ; au moins est-il sensible que cette conviction générale du cœur et de l'esprit humain sur un objet spéculatif, ne lui est point venu sans motif de crédibilité ; ces motifs, je le sais, ne peuvent devenir persuasifs que par leur prépondérance sur la raison ; point de doute que ce ne soit à cette faculté lumineuse de ses créatures raisonnables à qui la nature les ait présentés !

Conséquemment, en consultant la raison sur les motifs de persuasion qu'elle a à cet égard, nous aurons la réponse de la nature à toute la race humaine, quoique nous ne puissions communiquer avec tous les peuples ; parce que la vérité est une par toute la terre.

Quelque simple que soit la réponse de ma raison et de mon cœur sur les motifs qui peuvent avoir persuadé tous les hommes avec moi, de l'existence d'un Être suprême ; rendue par mon langage, elle sera bien moins simple encore, bien moins précise, énergique et sublime, que dans le langage muet de la nature à toute l'espèce humaine ; le coup de lumière de l'œil à l'esprit suffit pour cela.

En effet, elle s'est montrée et elle a convaincu. A ce spectacle, l'homme le moins doué de lumière s'est écrié sur-le-champ : « elle est animée ; ses actions sont, comme » les miennes, le résultat de desseins prémédités, combinés, ordonnés ; donc elle » est conduite, comme moi, par une intelligence bien supérieure à la mienne : car » c'est d'elle qu'émane la faculté qui m'éclaire et que je ne me suis point donnée.

» Je lui dois tout, j'ai tout à craindre et à » espérer d'une cause si puissante, selon la » conformité de mes actions avec l'ordre que » suivent les siennes, avec les desseins qu'elle » a tracés à mes yeux, que mes yeux révèlent à ma raison, que ma raison fait passer » dans mon cœur avec le desir du bonheur » qu'il cherche en vain ailleurs que dans ces » desseins, et l'intérêt de l'y trouver.

» Alors, comme ce philosophe, qui, appercevant des lignes de géométrie tracées » sur le sable dans une isle déserte où il fut » jetté avec d'autres naufragés, s'écria aussitôt : *rendons graces aux Dieux, mes* » *amis, voici des pas d'hommes !* je m'écrie,

» à la vue d'un plan géométrique si complet, » rendons graces au Dieu que nous cher- » chons, ô mes semblables, voici des traces » de son intelligence » !

Voilà l'argument *ad hominem*, bien plus simple encore que je ne l'exprime, qui a convaincu le genre humain : mais il ne suffit pas pour convaincre le philosophe, quand son orgueil tenté de faire de sa raison la seule lumière du monde, cherche follement à anéantir l'intelligence - principe qui y brille.

Nous ne discutons point avec l'orgueil, c'est une passion exaltée, conséquemmment aveugle ; mais nous opposerons aux faux argumens d'une raison égarée, des sentences rendues par la raison universelle, confirmées par le sentiment et la conviction générale. Les voici telles qu'elles me sont intimées, et telles sans doute qu'elles le sont à toutes les créatures raisonnables :

« Je pense ; donc j'existe.

» Je ne pense ni n'existe par ma puis- » sance ; donc il y a quelqu'être hors de » moi, plus puissant que moi, qui pense, » qui existe avant tous, et qui seul a pu

» me

» me donner la faculté de penser et l'exis-
» tence.

» Rien ne vient de rien, et nul ne peut
» donner ce qu'il n'a pas ; donc j'existe par
» un être qui existoit lui-même ; et je pense,
» parce qu'il a la pensée : car il faut concevoir
» ce que l'on veut donner.

» Mon corps est un ouvrage dont toutes
» les parties sont conçues, combinées, mo-
» tivées de manière que ses organes le met-
» tent en rapport calculé avec la nature ou
» la propriété de tous les autres corps de
» l'univers : par exemple, la construction
» de mes yeux avec la réfractibilité de la
» lumière ; celle de mes oreilles avec l'élas-
» ticité de l'air ; celle de mon odorat avec
» l'activité des corps odoriférans ; celle de
» ma bouche avec la sapidité des alimens ;
» celle de mes mains et de tout le tissu de
» mon corps avec la solidité, la forme, et
» la tangibilité des autres corps : donc la
» même main qui a tracé le plan organique
» de l'univers, dans lequel tous ces élémens
» sont entrés, a dessiné mes organes qui en
» reçoivent la perception.

» Les traces de cette main invisible, sont
» sensibles et profondes ; elles annoncent

» fortement l'intelligence de celui qui l'a
» dirigée ; donc ce plan combiné n'est pas
» l'œuvre du hasard ou d'une aveugle fa-
» talité.

» Le hasard ou la fatalité ne sont rien,
» puisqu'ils ne représentent rien dans un
» plan combiné ; tout ce qu'on peut leur at-
» tribuer est nécessairement l'effet de loix
» préexistantes, par exemple, le mouvement,
» la pesanteur et les autres loix des corps :
» donc ce néant ne peut rien tirer du néant,
» rien combiner, dessiner, ordonner avec
» entendement.

» Dût-on prêter à cette nullité, des corps
» et un mouvement aveugle et nécessaire
» pour opérer ! on seroit encore forcé de de-
» mander d'où viennent ces corps qu'il n'a
» pu enfanter ? qu'est-ce qui nécessite ce
» mouvement ? et qu'est-ce qu'un mouvement
» aveugle peut produire de combiné avec
» mille autres mouvemens aussi aveugles ?
» Par exemple, ne suis-je pas forcé, dans
» cette hypothèse, de me faire encore les
» questions suivantes :

» Est-ce la lumière qui auroit dessiné mon
» œil, pour lui donner une analogie si
» exacte avec ses propriétés ? Est-ce l'air qui

» auroit creusé, organisé intérieurement et
» extérieurement mon oreille, pour en frapper
» les ressorts par son élasticité sonore, etc. ?
» l'une et l'autre me crient que non. Est-ce le
» hasard qui a produit ces élémens qui frap-
» pent mes organes avec tant de précision ?
» Ou, est-ce lui qui leur a donné ces pro-
» priétés ?

» Le hasard qui n'a ni empire, ni pro-
» priété, qui n'est qu'un abstrait pour ex-
» primer l'effet que l'on croit fortuit d'un
» corps ou d'une loi préexistans, ne peut
» ni produire, ni approprier, ni même sa-
» tisfaire à une question.

» Je ne vois qu'un plan, une unité de
» marche et de dessein dans toute la nature;
» dessein, unité, plan que les parties aveu-
» gles de ce tout ne peuvent connoître, aux-
» quels néanmoins elles tendent et se con-
» forment toutes avec harmonie; donc elles
» y sont destinées et conduites par la même
» intelligence qui a conçu ce plan, et par la
» même main qui l'a tracé; donc première-
» ment mon corps et tous ceux de l'univers,
» avec lesquels il est en relation combinée,
» sont l'ouvrage d'une intelligence séparée
» de ces corps.

» Secondement, ma pensée est un résultat
» d'observations, de combinaisons, de mou-
» vemens sentis, analisés, comparés ; une
» opération métaphysique réfléchie, une fa-
» culté judicieuse qui ne s'est pas formée elle-
» même ; donc une intelligence supérieure,
» qui observe, qui combine, qui sent, qui
» analise, qui compare, qui réfléchit, qui
» juge, peut seule avoir conçu le plan et les
» moyens de me donner la pensée qui exécute
» tout cela.

» Donc il existe, par une dernière consé-
» quence, une intelligence-principe, dont
» émane toute intelligence créée, tout ordre,
» toute combinaison, tout plan, tout des-
» sein dans ce vaste univers ; donc il est dé-
» montré qu'il y a un Dieu. »

Voyons maintenant ce que nos subtiles athées opposent à ces sentences de raisonnement, sur une vérité si utile et si palpable ?

Premièrement, comme c'est la marche de l'ordre et l'entente universelle du plan de l'univers, qui frappent le plus les hommes spectateurs intelligens de cet œuvre sublime ; ces enfans rébelles de la nature se jettent furieux sur le sein de leur mère, la dépouillent de tous ses ornemens, la déchirent, la meurtrissent, pour la montrer ainsi défigurée à leurs frères, en leur disant du ton ironique des fils de Jacob : « Reconnoissez-vous-là les » vêtemens de votre mère ! le sein qui vous » a donné le jour ! hé bien, c'est cette mère » dont on vous vante tant la bonté, qui vous » prépare des poisons dans son sein, qui » vous donne la peste, la guerre et la famine, » qui vous ronge de douleur, qui vous fait » dévorer par ses bêtes féroces, qui vous » écrase de ses foudres, qui vous engloutit » dans des abîmes qu'elle creuse sous vos pas » et qu'elle recouvre de fleurs, qui vous livre » à la tyrannie de vos oppresseurs, à la per- » fidie de vos amis, à la fougue de vos » passions, aux erreurs de votre imagination, » à la fureur de vos assassins ; enfin à mille » genres d'égarement et de mort, d'une ma- » lice et d'une cruauté recherchée. Voilà le » bel ordre ! voilà l'entente sublime de ses » plans que l'on vous prône. »

Mais, tandis que ces ennemis de la vraie philosophie cherchent à dépouiller la nature de tout ce qu'elle a de grand, d'admirable, de sagement combiné, pour ne vous présenter que les inconvéniens et les abus qui servent d'ombres à ses superbes desseins ; le grand Newton nous découvre le plan sublime de sa marche dans le systême des mondes planétaires, et la raison universelle à qui il l'a démontré, admire, adore l'Auteur de la nature, promenant son char étoilé sur une route géometrique d'où jaillit la lumière, et écrasant sous sa roue, l'orgueilleux vermisseau qui ose y pousser de son fumier pour déranger la régularité de sa marche.

Quant à leur longue diatribe sur les maux et les inconveniens dont nous sommes par fois les victimes, nous y avons complettement répondu dans la première partie de cet ouvrage en traitant de l'origine du mal physique et moral.

Que nous importe tous leur systêmes sur cette origine! les deux principes contradictoires des Manes, l'Arimane des anciens, les rêveries des modernes pour et contre l'optimisme! La vérité n'a point d'âge, celle que l'on découvre aujourd'hui existoit dès l'origine du monde, il n'en est pas moins vrai, comme nous l'avons prouvé, que l'homme victime des maux qui l'assiégent, n'a pas de reproches à faire à la nature pour ceux qu'il s'est attirées par son immoralité, qu'il auroit pû éviter par sa prudence et sa prévoyance ; qu'il n'est victime nécessaire que des inconvéniens nécessairement attachés à la nature des choses, aux plus belles loix de l'univers telles qu'en physique, le mouvement, la pesanteur des corps, leur frottement, leurs qualités actives ; en morale, la liberté, la sociabilité, la faillibilité humaine, résultats de besoins nécessaires et pressans, attachés à des passions vives qui ne peuvent être modérées que par une raison froide, lente et réfléchie.

Nous avons fait voir que ces inconvéniens sont les suites des loix harmoniques d'où résulte par la même marche, par la même impulsion, le plus grand bien, le plus bel ordre en physique comme en morale ; nous allons remettre ici, sous le coup-d'œil du lecteur, un précis de ce que nous lui avons dit à cet égard dans la partie morale, pour qu'il voie cette preuve essentielle, couler d'un jet sans interruption devant lui.

En effet, si c'est parce que l'air est élastique, le feu actif, la pierre ou le plomb lourd et solide, et mon corps flexible et sensible, que la foudre, un volcan, une poutre, le canon me blessent ou me tuent ; c'est par les mêmes loix que l'univers a de la consistance, qu'il existe pour moi, que j'existe avec lui; c'est par les mêmes loix physiques que la nature produit mes alimens, mes jouissances, et que je les saisis par mes organes.

En effet, si c'est parce que l'homme est libre et vivement passionné, parce qu'il est appellé en société avec moi, que le perfide me trahit, le fripon me ruine, le débauché déshonore ma fille, la politique m'écrase, l'ambitieux me renverse, les révolutions humaines me torturent; c'est aussi par les mêmes loix morales que le monde social existe, que l'homme pressé par des besoins séduisans prend la peine de vivre, d'étudier, de se perfectionner; c'est par les mêmes loix, que, distingué de tous les êtres matériels, il est le maître de ses actions, l'auteur de ses vertus, l'acquéreur de son mérite, le propriétaire de sa gloire; c'est par les mêmes loix qu'il jouit en société de ces affections délicieuses qui l'unissent par le cœur à une mère, à un père, à une épouse, à un ami, à une patrie; qu'il mérite l'estime et la reconnoissance de ses semblables, par des actions qui lui procurent à lui-même les jouissances les plus flatteuses et alimentent son amour-propre.

« Mais, me diront avec colère ces enfans » du hasard, à quoi vous sert un Dieu qui » n'a pu écarter ces inconvéniens fâcheux de » ses loix éternelles? »

Insensés! votre hasard vous les a-t-il sauvés ces inconvéniens contre lesquels il vous laisse sans ressources, sans consolations; tandis que mon sentiment religieux me rend, pour ainsi dire, insensible à leurs coups par le calme de la résignation, et m'élève au-dessus de leur atteinte par l'enthousiasme du courage étayé de l'espoir?

Pourquoi attachez-vous une idée fausse au pouvoir de l'être-principe que toute la nature démontre sans relever sa constitution divine? Dites-moi, de bonne foi, croyez-vous qu'il puisse exister un pouvoir suprême contradictoire, qui fasse qu'un corps soit en même-tems dissoluble et indissoluble, pénétrable et invulnérable, actif et sans action, élastique et sans ressort, et tout cela, afin que l'un ne blesse et que l'autre ne soit blessé; qui fasse qu'une créature soit libre et n'abuse jamais; qu'elle ait des passions nécessairement plus promptes et plus actives que la raison froide qui les dirige, et que ces passions ne devancent pas quelquefois ses décisions réfléchies ?

Les contradictoires ne sont-ils pas les bornes immuables que la raison assigne aux possibles, au pouvoir de l'être le plus parfait et le plus sage qu'elle puisse concevoir ? Demander pourquoi il y a des inconvéniens aux plus belles loix de la nature, c'est demander pourquoi elles sont des loix en vertu desquelles elles produisent infailliblement leurs effets ; c'est une pétition de principe : un corps grave m'écrase, parce que mes organes sont flexibles et pénétrables, et parce que s'ils cessoient d'être tels, je cesserois d'être ce que je suis ; enfin, parce que ce corps grave doit graviter en raison de son poids et de l'accélération de sa chûte, ou l'univers se dissoudre.

Vouloir anéantir un être-principe, parce qu'il n'est pas contradictoire, parce que l'exercice de son pouvoir est soumis aux règles de sa sagesse, parce qu'il ne dénature pas les êtres, qu'il ne ment pas à lui-même, et à toute la nature, pour sauver à l'homme quelques inconvéniens fâcheux qu'il peut presque toujours éviter et contre lesquels, lorsqu'il n'a pu s'y soustraire, il lui a donné la faculté de se roidir et d'en anéantir presque les effets douloureux. Renverser Dieu de son trône parce qu'il n'a pas fait un monde avec des élémens qui se contredisent, parce qu'il ne le régit pas par des loix aussi inconstantes que ces correcteurs de l'ordre éternel le voudroient ; c'est anéantir d'un même coup le monde intellectuel et sa propre raison, pour n'y substituer que de l'orgueil ; passion insatiable qui n'est pas assez flattée d'avoir rencontré le vrai systême de la nature, et préfère d'en donner un tout neuf, entièrement d'elle. En effet, il est facile d'y reconnoître le doigt de l'homme ; qu'on lise Candide !

Jusqu'ici les objections des athées ne sont pas très-sérieuses ; elles le deviennent un peu plus, lorsque, profitant des loix constantes auxquelles nous rapportons les biens et les maux de cette vie, ils nous disent : « si vous » reconnoissez que les différens corps qui » composent l'univers suivent des loix cons- » tantes, c'est-à-dire, qui leur sont propres » et inhérentes, et que la constance de ces » loix forme toute l'harmonie de l'univers ; » c'est convenir en termes exprès, que ces

» corps ont par eux-mêmes ces propriétés ;
» qu'ils se régissent eux-mêmes ; conséquemment, que l'univers n'est qu'un méchanisme qui marche de lui-même par l'harmonie constante de ces loix inhérentes à chaque corps. Alors, à quoi sert, au milieu de ce méchanisme, un Dieu entraîné, nécessité lui-même par des loix constantes » ?

Descendez de la région des incompréhensibles, et revenez dans celle des connoissances humaines, si vous voulez discuter avec un mortel, trop sublimes penseurs ! Je vous déclare que j'éprouve, que je connois, que je palpe les loix constantes que suivent les corps qui organisent l'univers ; mais je me donnerai bien de garde de décider avec vous que ces loix sont des propriétés inhérentes de ces différens corps, sans l'intervention d'une autre cause ; j'ignore la nature de la plupart des élémens dont je sens pourtant l'existence, parce que leurs principes constitutifs échappent à mes sens ; tels sont les fluides magnétiques, électriques, nerveux, et la dernière analyse des éthers ; je conçois quelques-unes des propriétés constantes des élémens qui me composent, au milieu desquels je vis, je respire, tels que l'air, l'eau, la terre et le feu : je ne connois pas tous leurs mixtes ; mais je sais par la chimie, que tous ceux que je puis y soumettre sont un composé de ces principaux élémens, et qu'alors ils changent de loix, de propriétés, selon l'élément qui domine dans leur amalgame. C'est pour cela que ma chair suit les loix des corps flexibles, que mon sang suit celles des fluides, mes os celles des solides résistans, mes esprits vitaux celles des éthers les plus subtils, etc. Je sais encore que ces mixtes se séparent, se détruisent et retournent aux élémens qui les ont composés ; mais que ces élémens ne se détruisent point, parce qu'ils n'ont point de parties hétérogènes qui puissent se séparer. Voilà tout ce que je sais sur les bases du système du monde ! mais ce que je ne sais pas a bien plus d'étendue.

Je ne sais pas comme vous, profonds philosophes, si ces élémens sont ou ne sont pas éternels ; je ne sais pas si les loix constantes que suivent ces corps organisés, inanimés, privés de tout sentiment, de toute intelligence, sont des propriétés qui leur soient inhérentes par une aveugle nécessité! ou si elles sont des qualités reçues!

Je ne sais pas comme vous, si ce sont ces mêmes substances purement passives qui sont convenues entr'elles d'organiser leurs mixtes avec une précision, une entente de dessein dans le plan général qui force ma raison d'appeler une intelligence pour lui en rendre compte! Et quand j'interrogerois avec vous, pendant toute une éternité, le monde corporel sur les qualités occultes que vous lui prêtez, je n'aurois, je ne dis pas une seule démonstration, mais une seule réponse satisfaisante qui puisse servir de base à un commencement de preuve.

Je me résume, et je dis donc: que l'univers n'est qu'un grand mixte de ces élémens aveugles, il exige une intelligence qui ait calculé l'effet de ces mixtes avant d'en former un tout organisé, capable de suivre la marche régulière et les desseins que j'y vois briller.

Soit que ces élémens soient aussi l'ouvrage de cette intelligence ou non, soit qu'ils aient reçu d'elle les loix constantes qu'ils suivent, ou que ce soit une propriété de leur nature, ce que je suis bien éloigné d'affirmer ; je dis que cette intelligence seule peut les avoir fait entrer dans cette unité de vues, de dessein que je remarque, et qu'aucune de ces parties aveugles n'ont pu ni connoître, ni prévoir, ni opérer l'une sur l'autre, étant entr'elles indépendantes et même inconnues. J'ajoute que cette intelligence, en arrangeant ainsi une matière, soit préexistante avec ses propriétés soit qu'elles soient créées ou inhérentes, elle n'a pu faire que ces loix constitutives fussent et ne fussent pas en même-tems, ou établir des loix contradictoires et choquantes, dont l'inconstance eût disloqué la machine, au lieu de la mener à l'unité de dessein pour lequel elle est sensiblement faite.

Ainsi, il demeure vrai et sans contradiction avec l'existence d'un Dieu, qu'un corps ne peut pas être en même-tems sensible et impénétrable, pénétrable et inflexible, flexible, pénétrable et invulnérable ; qu'un autre corps lourd soit gravitant, sans être exposé à une chûte ; dur, sans pénétrer, sans briser, sans froisser ceux qui sont moins durs, etc.

Donc, le Dieu qui pèse, qui emploie, qui combine l'effet de ces loix éternelles, pour organiser l'univers et le faire marcher par elles d'une manière constante, à l'unité de dessein qu'il a conçu, au milieu du choc combiné de tant d'élémens divers qui agissent tellement par ses ordres, que c'est en se contrariant, en se contre-balançant, en se pressant, en se résistant qu'ils font marcher cette admirable machine, n'est point un hors-d'œuvre dans ce méchanisme : donc ce Dieu puissant et intelligent n'est point entraîné ni dominé par la constance des loix qu'il emploie, quoiqu'il soit trop sage pour vouloir toucher à leur uniformité, sans laquelle rien ne subsisteroit de ce qu'il a voulu, conçu, et exécuté : donc il est nécessaire, pour diriger ces loix au but qu'elles ne peuvent voir elles-mêmes.

« Mais si vous répondez, disent-ils, d'une » manière spécieuse à cette difficulté sur les » loix constantes du monde physique, parce » qu'on répond à tout ; comment vous en » tirerez-vous sur les loix constantes du » monde moral, que vous avez aussi recon- » nues immuables : telles que la liberté de » l'homme, sa faillibilité, sa sociabilité? A » quoi sert donc un Dieu qui ne peut rien » changer

» changer à l'homme ? Que devient votre » dogme de la providence » ?

Oui, je le répète, Dieu ne peut pas faire que l'homme soit libre et impeccable, qu'il soit sociable, et ne soit point exposé aux inconvéniens qui proviennent de l'abus de liberté de ses semblables, qu'il ait des passions sans être faillible, et qu'il soit faillible sans être quelquefois victime de la fougue de ses passions, de la force de ses besoins : comme vous voyez, je n'élude pas la difficulté.

Mais je crois Dieu pleinement justifié à l'égard de l'homme, lorsque je considère les superbes desseins dans lesquels il l'a conçu, en le distinguant éminemment de tous les êtres, en lui accordant une liberté, un règne sur ses passions, une association aux jouissances, aux vertus, à la gloire de ses semblables, prérogatives qui le placent au premier rang des créatures animées, et qu'il ne pouvoit avoir sans l'inconvénient de pouvoir en abuser, mais contre lequel il a été muni de tous les moyens, de tout l'intérêt d'en bien user : raison, prudence, prévoyance, expérience, sentiment du bien, rien ne lui a été refusé.

S'il est victime innocente de l'abus de la

liberté de ses semblables : (il ne peut se plaindre au suprême Législateur de ses propres abus) : s'il est dupe d'une bourasque imprévue de ses passions ; qu'il réponde ? Voudroit-il , pour éviter ces inconvéniens, renoncer à tous les avantages de sa nature , pour n'être plus qu'un animal solitaire, une machine sensible, mûe par des loix constantes qui ont aussi leurs inconvéniens funestes ; végéter ici bas , sans sentimens motivés, sans intelligence, sans vertu , sans gloire , sans témoins du bien qu'il opére , sans affections sociales , sans liaisons , sans amis , conservant néanmoins la perception de cet état affreux ?

Je ne sais pas, avec nos systématiques, si l'intelligence-principe pouvoit concevoir un meilleur plan sur la construction d'une créature physique et morale , tel que l'homme ; mais je sais que, le composant, comme tout le reste de l'univers , des mêmes élémens , elle ne pouvoit le soustraire aux loix des corps, et que, lui donnant au surplus une intelligence morale et réfléchie pour le diriger, elle ne pouvoit donner à cette faculté morale autant de vivacité , de promptitude , d'impulsion dans ses jugemens, fruits du calme et de la réflexion, qu'elle devoit donner d'action physique à ses besoins, pour lui faire suivre le plan de vie pour lequel il étoit destiné.

Mais je sais aussi que la certitude de l'existence de cette intelligence-principe, de ce Législateur éternel, est infiniment utile à la morale, parce que l'homme, sous l'œil vigilant de son Auteur, est engagé à étudier ses loix, à les suivre, à imiter dans ses actions libres l'ordre et l'harmonie que ce Dieu chérit et qu'il suit lui-même dans la marche de toute la nature.

Je sais que, s'il touchoit à la nature de l'homme, il détruiroit son ouvrage, et pousseroit lui-même le monde moral vers sa ruine.

Je ne connois point avec les systématiques, la marche de la providence; je ne crois pas qu'elle agisse sur la volonté des hommes de manière à détruire leur liberté facultative; je ne sais jusqu'où son action immédiate sur les loix constantes peut aller sans les renverser; mais je sais qu'elle pourvoit à tout, qu'elle punit ou récompense tout, en juge éternel, soit qu'elle ait attaché des suites fâcheuses à tous nos abus, et du bonheur à notre fidélité à l'ordre, comme nous l'éprouvons sensiblement la plupart du tems, soit, s'il arrive que nous ne l'éprouvions pas immédiatement, en liant le bien ou le mal moral à un espoir ou à une crainte certaine, sur les suites de la mort, qui nous en imposent assez, pour ne pouvoir douter sensément de ses intentions à cet égard, et de sa puissance de les remplir d'une manière qui nous est tout à fait inconnue.

En effet, comment se persuader qu'une intelligence qui a formé les êtres avec ordre, qui les a placés dans une des classes de cet ordre, qui a posé sur l'harmonie les bases de l'univers, qui y a établi un centre de rapport et de réaction, y soit elle-même morne et sans vigilance ! Qu'en un mot, elle se soit formé un superbe et vaste empire, où nous voyons ses loix s'exécuter toujours, et où néanmoins elle ne gouverne plus, elle ne règne plus, elle dort !

Voilà cependant ce qu'il faut affirmer avec certitude, si on veut nous donner un systême philosophique qui nous persuade que tous les desseins de l'univers qui nous frappent à l'extérieur, que tout ce qui inquiète notre ame à l'intérieur, ce qui effraye notre conscience, sont de pures illusions : et c'est ce qu'on n'affirmera jamais avec cette certitude au moins analogique, sur laquelle seule la raison permette de bâtir un systême pratique, sur-tout en morale :

Donc la providence marche avec les loix constantes, physiques et morales qu'elle emploie dans la construction de l'univers et dans la constitution de l'homme : c'est la force régulatrice de toute la machine.

» Mais, continuent ces obstinés, à quoi » sert un Dieu, une providence dès-là que » tout est créé, toutes les loix posées, et que » tout marche en vertu de ces loix » !

Je suis encore bien loin de savoir avec ces philosophes, si tout est créé ou formé, si Dieu ne crée ou ne forme plus, et si tout marche en vertu des loix constantes une fois posées, sans que celui qui les a combinées s'en mêle.

Comment pourrois-je porter un jugement aussi décisif sur tout ce qui se passe dans l'immensité ! moi, animalcule de ce tout, porté sur un atôme, dans un coin reculé de cette immensité qui n'a point de bornes, d'une étendue énorme où je ne suis pas, où je ne puis atteindre, et qui m'est absolument inconnue !

Que sais-je! si ce Dieu toujours actif, toujours puissant à mes yeux, tant que les philosophes ne m'auront pas démontré le contraire, ne forme pas, dans une étendue aussi infinie que lui-même, des mondes et des systêmes planétaires, d'une structure encore plus étonnante que celui où je rampe et qui y circule par ses ordres! Ce que je sais, c'est que, de tous les corps célestes, observés depuis Ptolomée jusqu'à ce jour avec exactitude, il en est qui ont disparu depuis des siècles, et d'autres qui se sont manifestés où l'on n'en avoit jamais remarqué.

Certainement l'athée est encore moins à même de me nier sensément, que moi de lui prouver cette création et cette destruction continues, dans des espaces où nous ne sommes ni l'un ni l'autre; car j'ai sur lui l'avantage d'une donnée en faveur de mon systême, c'est qu'à coup sûr le Créateur règne dans toute l'immensité, et qu'il peut y faire successivement ce qu'il a fait dans un tems donné, dans la partie de ses vastes domaines où j'habite, et où brillent sa fécondité et son activité.

J'ai dit plus haut, que j'ignorois aussi si tout ne marchoit qu'en vertu de loix une fois posées, ou si l'éternel moteur ne s'étoit point réservé une place dans ce rouage, une action sur ces loix, qui les dirigeât toujours sans les contrarier !

Certainement une intelligence, qui par son activité a tout fait dans un tems, pour rester nulle et inactive, ou pour mieux dire, anéantie, dans une éternité successive, étant incompréhensible et contradictoire ; je suis fondé à croire qu'elle s'est réservée une action dans son méchanisme ; elle ne l'a produit que pour occuper son activité et exécuter ses conceptions ; ainsi, il faut qu'elle s'en occupe toujours ; c'est sa nature, c'est son propre d'être active ; mais j'ignore le mode de son action.

« Il y a une époque où il a commencé ses » ouvrages, répondent les adversaires, où » ils sont éternels comme lui. S'il y a une » époque, que faisoit-il avant ? S'il n'y en » a pas, à quoi bon un être de surrérogation pour mener un ouvrage aussi éternel » que lui, que par conséquent il n'a pas » fait ? »

Quand je pourrai calculer par époques l'éternité, quand je pourrai mesurer les distances de l'immensité, quand je pourrai connoître la manière d'agir d'un Etre éternel ; je vous assignerai l'époque de ses opérations. Mais vous dire ce qu'il étoit, ce qu'il faisoit avant d'agir, c'est une question oiseuse ou contradictoire à laquelle je ne puis répondre que par des conjectures un peu mieux fondées.

Je crois qu'il a agi de tout tems ; qu'il agit encore et agira toujours, parce que l'action est inséparable d'une Intelligence active et puissante qui combine sur l'infini. Je crois que son calcul, ses plans, sa puissance ne sont pas renfermés dans les bornes étroites de la possibilité de notre nature bornée elle-même ; mais, selon notre manière de voir, le dessinateur, l'architecte, l'ouvrier est toujours sensé préexistant à l'ouvrage qui l'annonce, n'eût-il point d'époque calculable pour nous.

« Au surplus, disent les athées, vous prou-
» vez l'existence de l'ouvrier par le plan de
» l'ouvrage, et ensuite vous tirez de l'exis-
» tence de cet ouvrier un plan d'ordre à
» suivre par ses créatures qui sont elles-
» mêmes son ouvrage ; peut-on un cercle plus
» vicieux » ?

Oui sans doute, l'existence d'un ouvrage exécuté sur un plan parfaitement combiné, me fait remonter à l'existence de l'ouvrier. Une fois assuré de cette existence, je dis : « Cet ouvrier a voulu et a établi le règne » de l'ordre le plus parfait dans toutes les » parties de son ouvrage ; il y a placé un » être moral auquel il a donné une portion » de son intelligence, et qu'il a néanmoins » laissé libre de ses actions et du choix de » ses motifs : je dis à cet être intelligent et » libre, vois par-tout l'ordre et l'harmonie » que celui qui t'a formé a mis dans les par- » ties et l'ensemble de ses ouvrages ; il doit » l'aimer, cet ordre qu'il a employé, parce » que rien ne subsiste et ne peut durer sans » lui. Rentre maintenant en toi-même, vois » s'il n'a pas mis dans ton cœur l'amour » de ce même ordre ; dans ton esprit la con- » ception d'un ordre moral ; dans ta liberté, » la faculté de diriger tes actions sur ce plan » bien ordonné ; dans ton expérience, le » bonheur qui y est attaché ; dans ton amour- » propre, l'intérêt de le saisir. Agis en » conséquence ».

Où est donc le cercle vicieux dans ce raisonnement ? Il faut deux propositions identiques, rentrantes l'une dans l'autre, pour commettre un cerle vicieux en raisonnement. Ici, il est question dans une de l'ordre physique, dans l'autre de l'ordre moral, qui ont chacun leur principe d'action bien différent. Dans l'un, c'est Dieu qui agit sur les corps; dans l'autre, c'est l'homme libre qui agit sur sa conduite morale.

« Mais, continue l'athée, l'idée d'un Dieu » est une idée sans représentation, puis» qu'on ne peut connoître sa nature; donc » c'est une idée contradictoire que vous » créez dans votre imagination, et qui n'a » point de donnée, systême sans bases ».

Il s'agit dans l'état de question et dans toute la contestation, de l'idée de l'*existence* d'un Dieu, et non de l'idée de sa *nature* incompréhensible. Or, cette première idée n'est point sans représentation; c'est l'idée abstraite d'une Intelligence plus parfaite que la mienne, et dont l'*existence* est marquée dans la parfaite combinaison de ses ouvrages. Voilà deux données qui sont les bases certaines de mon systême. J'avoue que nous n'avons pas l'idée concrète de Dieu, c'est-à-dire, la représentation de la nature de cette Intelligence-principe, et que, si elle ne se révèle elle-même à notre intelligence créée, jamais nous ne la comprendrons complettement; mais l'idée de son *existence* est aussi claire, que l'idée de son essence est obscure et incompréhensible à nos foibles lumières.

« A quoi bon, ajoute l'athée, créer un » Etre dont on ne connoît pas la nature? » Si la connoissance de cet Etre nous étoit » nécessaire, ne se seroit-il pas fait con» noître à nous? Pourquoi nous montreroit-il » les traces de ses pas et se cacheroit-il de » nous? C'est donc pour se jouer de notre » crédulité ».

Si je vois les traces de ses pas, je dois conclure qu'il existe; il ne les auroit pas montrées, s'il n'avoit pas voulu se manifester en partie à mes yeux. D'ailleurs, quand je ne lui serois pas nécessaire et que la connoissance que j'ai de son existence lui seroit indifférente, elle ne me l'est point à moi qui ai besoin de son secours, qui ai un cœur qui veut l'aimer, une ame qui veut l'adorer, à moi dont le bonheur dépend de l'accomplissement de ses loix, à moi qui réclame sa vigilance pour me consoler, me justifier de tout ce que j'éprouve d'injuste sur la terre, pour me décerner le prix des vertus qu'on y calomnie et qu'on y persécute. Ce n'est donc pas pour se jouer de ma crédulité qu'il s'annonce à moi, sans se montrer tel qu'il est.

« A quoi bon enfin, s'écrie l'athée, en
» dernière analyse, chercher dans les in-
» compréhensibles un Etre plus incompré-
» hensible encore, pour lui attribuer ce
» que les possibles ont pu amener dans la
» masse des tems, après des actions, des
» réactions, des révolutions, des ressasse-
» mens de tant d'élémens actifs qui ont pu
» produire, à une certaine époque, les
» premiers mixtes; et ceux ci, ressassés en-
» core dans le crible d'une infinité de siècles,
» produire, à une autre époque, dans tous
» les détails et les chances possibles, les
» mixtes organisés comme nous les voyons?
» Ces mixtes sont-ils enfin autre chose qu'un
» mélange, un amalgame des élémens, de
» votre aveu, indestructibles, conséquem-
» ment éternels devant et après la formation
» des êtres » ?

Je réponds à cet athée par ses propres paroles : A quoi bon recourir à un jeu de hasard, à un choc, un combat, un mélange d'élémens et d'atômes pendant toute l'éternité antérieure à la création, pour former un monde d'un coup de dés heureux que personne n'a lancés? A quoi bon épuiser tous les calculs, toutes les combinaisons, toutes les chances, tous les paris, toutes les possibilités, pour mettre le désordre à la tête de tant d'ordre, le hasard à la place de tant de combinaisons sages; pour faire présider une aveugle fatalité à un plan si lumineux, à des desseins si réfléchis, à un ouvrage qui réclame une Intelligence, à un monde qui veût un maître, à un empire dont le trône visible annonce le souverain?

La comparaison de toutes les sorties possibles de numéros infinis, jetés au hasard pendant un tems donné, avec la formation des êtres infiniment variés de la création, avec leurs germes producteurs, sans mélange de genres et d'espèces pendant toute une éternité; mais sur-tout avec la formation des êtres intelligens qui calculent, qui réfléchissent, qui analysent les chances, les jets qui les ont produits! Est-ce là user de sa raison? est-ce là un raisonnement?

O mystères opaques, plus incompréhensibles mille fois que celui de l'essence cachée de cette Intelligence-principe qui nous a manifesté son existence ! C'étoit bien la peine de lui arracher les dés formateurs pour les donner au hasard ; c'est-à-dire, ordonner au néant de produire d'abord des fractions d'êtres, des monstres tronqués, et de les dévorer, jusqu'à ce que la chance arrivée ait enfin donné une organisation régulière, un être générateur de son espèce.

Quel dégoûtant systême ! quelle absurdité de raisonnement ! quelle débilité d'un édifice sans fondemens, qui s'écroule avec ses fractions d'êtres et les monstruosités de leurs produits dans la nuit des chimères, dans le gouffre des impossibles, dans l'océan des suppositions ! Ce seroit profaner l'intelligence, de l'employer à combattre avec méthode un dogme si bizarre et si décousu, un systême lancé du vuide et retombant dans le vague des incompréhensibles.

Aussi les athées les plus fins, qui ont voulu éviter l'embarras de répondre à toutes les difficultés qu'enfante un tel systême, l'ont rejeté pour celui bien plus simple de l'éternité des mondes tous formés tels qu'ils sont.

Mais, outre que cette assertion n'est fondée que sur ce mauvais argument : « Tout

» existe sans époque fixe, donc tout a toujours existé et existera toujours »; elle est encore toute gratuite et ne prouve rien sur le passé et sur l'avenir. D'abord, la conséquence n'est nullement celle déduite de sa prémisse : il faudroit, pour qu'elle fût juste, poser ainsi l'argument : « Les choses existent » ainsi par *elles-mêmes* ; nulle intelligence » supérieure n'a pu les arranger telles qu'elles » sont et ne peut les détruire; donc elles » ont toujours existé et existeront toujours».

Mais on voit remonter contre cette majeure toutes les difficultés que nous avons opposées aux athées dans tout le cours de ce chapitre. Les desseins préalables d'un plan général, les combinaisons nécessaires entre toutes les parties relatives de ce tout, le défaut d'intelligence et d'entente dans les parties matérielles purement passives de ce tout, l'absurdité de dire que ce tout, formé de parties différentes et aveugles, puisse se trouver combiné dans une unité de dessein où ces parties se suivent sensiblement et régulièrement depuis l'éternité, entendent et exécutent les loix de ce tout ; c'est un monstre en raisonnement que la majorité du genre humain n'a jamais pu dévorer. Connoissant des intelligences créées qui ne se conçoivent pas elles-mêmes, elle a reconnu la nécessité d'en admettre une increée qui a conçu celles-là, productrice de tout ordre, de tout dessein, de tout plan dans l'univers, formatrice des êtres et régulatrice des mondes.

Ainsi, quand il seroit vrai, ce que l'on ne peut prouver, que le monde fût formé de toute éternité, il ne le seroit encore que par cette Intelligence éternelle qui co-existeroit avec son ouvrage, avec son empire, comme Etre nécessaire au premier chaînon de l'existence.

Il faudroit, pour admettre cette hypothèse, prouver clairement qu'il ne se crée ou ne se forme plus rien dans les espaces infinis, et que rien ne s'y détruit; mais l'espace est trop loin de nous pour nous fournir des preuves, et dans le peu qui s'offre à nos foibles regards, nous y avons observé au contraire des apparutions d'astres nouveaux, et des lignes où des mondes anciens ont disparu. Je sais ce que l'on peut objecter contre ces observations, je n'y mets nulle importance

importance ; mais l'objection ne prouvera pas l'impossibilité de ces créations et de ces destructions observées.

Ainsi, le procès que les athées font à Dieu est toujours perdu au tribunal de la raison universelle et encore plus à tous les tribunaux des sociétés humaines qui ne se soutiennent moralement que sur ce dogme consolant et imposant tout-à-la-fois.

La preuve de l'existence de Dieu a cela de particulier, que plus on l'examine, plus on étudie la nature, plus on s'éclaire et plus aussi elle se complette dans l'esprit humain. Quelle différence en effet entre un bon villageois qui, au simple aspect des cieux, dans une nuit brillante, s'écrie, plus par une conviction intime, que par une conséquence bien discutée, « il y a un Dieu » ; et Newton pesant les corps célestes, analysant la lumière ; Francklin enchaînant le tonnerre par ses propres loix ; Gallien disséquant les organes humains ; Buffon prenant la nature au fait dans l'organisation, et tous s'écriant, « voilà ses pas » !

Mais c'est à cette hauteur de contemplation qu'on est le plus près de l'abîme ; un pas plus haut, on est au-delà, on ne raisonne plus; on veut sonder la nature divine sans instrumens propres à la nature humaine. Alors, si on prononce un mot, c'est nécessairement celui-ci, « je ne le vois pas », et l'orgueil de prononcer, à l'absence de la raison, « donc il n'existe pas ». Le bon sens, à son retour, foudroie, à la vérité, une conséquence si faussement déduite de sa prémisse; mais le bon sens ne revient que par la main d'une funeste expérience, après des années d'erreurs et de malheurs : tant est vraie cette maxime du sage :

Est modus in rebus, sunt certi denique fines,
Ultrà citràque rectum consistere nequit.

CHAPITRE III.

Développement du sentiment religieux sur le dogme de la nature de Dieu, et sur le culte intérieur et extérieur qui lui est dû.

QUOIQUE la nature de Dieu, quant à son essence substantielle ou constitutive, soit absolument impénétrable à la nature de l'homme, cependant une portion de son essence facultative ou morale se dévoile à notre raison en déroulant le plan de ses œuvres, parce qu'elle s'y est peinte elle-même.

Par exemple, le plus étonnant de ses ouvrages est dans moi-même la faculté de penser. Or, pour former un être pensant, il faut au moins le concevoir; il faut plus, il faut le dessiner, soit pour poser une substance pensante quelconque en équilibre avec des organes matériels assez délicats pour lui donner la perception de tout ce qui est hors d'elle, porter sa réaction sur les objets extérieurs, et lui fournir les moyens de comparer et de juger, soit, comme le prétendent sans preuves certains matérialistes que nous réfuterons, en travaillant la matière d'une manière assez divine, si je puis m'exprimer ainsi, pour la rendre capable de penser. D'où je conclus, avec une certitude analogique des plus imposantes, que Dieu est une Intelligence supérieure à celle qu'il m'a donnée; et quand je vois des traces d'intelligence briller ainsi sur tout le plan de la nature, j'ai une certitude physique et métaphysique que le premier attribut de la Divinité est l'*Intelligence;* et quoique la nature de cette Intelligence-principe me soit encore plus inconnue que la nature de la mienne, je ne puis pas plus douter de son existence que de l'existence de la mienne.

En second lieu, je lis dans le grand livre de la formation des êtres, et je vois dans la marche savante du bel ordre qu'ils suivent, la *puissance* et la *sagesse* de celui qui a dessiné et exécuté ce superbe ouvrage, seconds attributs corrélatifs et inséparables de la Divinité, dont néanmoins je ne connois ni l'étendue ni les règles.

En troisième lieu, par tout où mes regards et ma pensée se portent, je le vois agir, je l'entends ordonner, il touche à ma conscience ; donc il est *présent* à tout, et l'*immensité* est son empire, troisième attribut de la Divinité, aussi incommensurable que les autres, mais nécessaire à l'Ouvrier, au Moteur et au Modérateur des mondes.

En quatrième lieu, le premier Être, l'Être-principe ne peut tenir son existence de personne et ne peut être détruit par aucun ; il est donc *éternel*, il règne sur les tems et ils n'ont point de succession pour lui, quatrième attribut de la Divinité.

En cinquième lieu, je vois une unité de dessein, de marche et de rapports dans l'univers qui annonce l'unité d'intelligence et d'action, conséquemment l'*unité* de Dieu, cinquième attribut nécessaire à la Divinité. Il y a long-tems qu'on est convaincu de l'absurdité de l'existence de deux principes indépendans, incréés, également puissans ; ils sont déclarés contradictoires par la raison universelle.

Sixièmement, je dis avec un sentiment de conviction intime que celui qui a révélé l'idée de la justice à mon esprit, qui l'a gravée dans mon cœur, qui a mis son expression énergique dans ma conscience ; que celui qui a tracé des règles de perfection à mon entendement, qui m'invite à les suivre, qui me les rend aimables, qui en a répandu le modèle par-tout; que celui qui ne s'annonce aux hommes que sous des traits d'amour, de munificence et de justice; je dis enfin que le divin Auteur, le principe éternel de toutes ces qualités, doit les avoir lui-même à un degré aussi supérieur que sa nature; d'où je conclus que Dieu est infiniment *bon*, *aimant*, *aimable*, *juste*; en un mot, qu'il est l'Être *infiniment parfait* : en voici les raisons.

Il est *bon*, car il produit et conserve, tandis que la méchanceté détruit et dégrade par nature.

Il est *aimant*, car une intelligence ne produit et conserve que ce qu'elle aime; et de fait ne nous a-t-elle pas prodigué à l'intérieur et à l'extérieur les jouissances les plus sages et les plus délicieuses au-delà du nécessaire, avec les attentions de l'amour? Il a rempli à notre égard tout ce que nous pourrions attendre et desirer des êtres auxquels nous sommes le plus unis et qui nous sont les plus chers. Comme une bonne mère, il nous a conçus dans ses superbes desseins, il nous a portés long-tems dans sa pensée divine. Cet univers si beau, si soigné, fût notre berceau ; il nous a donné avec le jour des facultés heureuses qui nous font jouir de toutes les richesses de la nature qu'il a rassemblées autour de nous ; comme un bon père, il parle à notre esprit, il touche notre cœur, il frappe sur notre conscience pour nous faire éviter le mal, embrasser le bien et nous former à la perfection ; comme le plus tendre des amis, il nous console, il nous prodigue ses secours, ses conseils pour nous conduire au vrai bonheur. Si quelquefois il nous afflige, c'est pour nous avertir que nous avons quitté le sentier du bonheur ; tous les autres inconvéniens malheureux, on le sait, ne viennent point de lui. Enfin, comme le plus généreux des maîtres et des bienfaiteurs, il nous a donné l'espoir qui charme les maux qu'il n'a pu nous épargner, et nous ouvre dans l'éternité un intérêt qui centuple tout ce qui nous paroît de plus précieux sur la terre. Peut-on être plus *aimant ?*

Il est *aimable*, car notre esprit ne peut rien concevoir de plus parfait, notre cœur ne peut rien aimer de meilleur et la reconnoissance ne peut pas nous lier à un être à qui nous devions tant et qui nous ait fait autant d'avances en amour.

Il est *juste*, puisque la justice est une perfection conservatrice des loix éternelles et sociales qu'il publie à l'univers, qu'il intime à l'ame, qu'il confie à la conscience ; puisque la justice est l'équilibre du monde moral, sans lequel il ne se soutiendroit pas ; puisque la justice est l'ordre même par qui tout subsiste entre Dieu et les hommes ; puisque le défaut de justice ramèneroit le désordre et le cahos. Ah ! nous touchons cette triste vérité.

Un Dieu juste et législateur est donc, par une suite de ces deux attributs, nécessairement *rémunérateur* et *vengeur* de l'exécution ou de l'inexécution de ses loix envers des créatures libres. Je l'éprouve dès cette vie : le crime m'écrase dès que je l'ai commis et me pénètre de terreur sur un avenir absolument impénétrable, tandis que la vertu m'élève aux cieux et m'y ouvre le plus doux espoir. Donc j'ai tout à espérer et à redouter d'un Maître suprême dont le nom est l'*Etre infiniment parfait*.

Voilà tout ce que je conçois de l'essence

facultative ou morale de Dieu ; je ne puis m'élever plus haut vers lui, sans passer la ligne qui borne mon intelligence et sans me perdre dans son immensité.

En vain interrogerois-je toute la nature ; en vain fouillerois-je ses abîmes pour faire d'autres découvertes sur la nature du Dieu qui s'y cache, je n'entendrai que les échos qui repoussent cette question, je ne saisirai que du vuide ou des ombres, je verrai par ses traces qu'il existe fortement ; son *intelligence*, sa *sagesse*, sa *puissance*, sa *bonté*, sa *justice*, sont les seuls traits qu'il laisse échapper de son être et dont l'empreinte conduit jusqu'à son existence : le reste fuit avec lui dans l'immensité.

Demander à Dieu pourquoi il a couvert sa face d'un voile imposant, c'est le comble de l'audace et de la folie ! Notre concept est trop petit, pour embrasser l'infini qui est sa nature. Oui, ce grand Être qui sort devant nous du sein de la nature qu'il a fécondée, qui s'élève magnifiquement à nos yeux, et se perd à notre vue, en s'enfonçant dans l'étendue impénétrable des cieux, sans nous laisser soupçonner qu'il ait un terme, est le seul trait infini sous lequel puisse se peindre un

Dieu, et je crois que, si nous pouvions le comprendre dans le cercle étroit de nos conceptions, il cesseroit d'être l'infini, d'être Dieu.

Qu'il est donc sage devant la raison ! qu'il est majestueux à notre conception ! qu'il est imposant pour la morale ! qu'il est terrible à l'homme, le Dieu qui se révèle à lui, qu'il ne peut mesurer, qu'il ne peut définir, à l'essence duquel il ne peut toucher !

Que les systématiques qui veulent fouiller son essence constitutive sont sottement audacieux ! Que les prétendus philosophes qui le blâment et le renoncent pour s'être caché à une intelligence finie, sont petitement orgueilleux ! Que les prétendus sages qui le peignent au peuple sous des emblêmes grossiers, sont impolitiquement mal-adroits !

Peut-on présenter à l'adoration des hommes, un Dieu plus majestueux, plus imposant et plus vrai que celui que la nature annonce et voile en même-tems ! On cherchera encore long-tems dans la carrière des systêmes religieux, un mode d'adoration plus simple et plus sublime que celui que l'univers présente dans un Dieu sensible et invisible, à moins qu'il ne soit révélé par lui-même.

Maintenant que Dieu s'est manifesté à notre cœur par le sentiment religieux, à notre ame, à notre conscience par le tact de sa justice, à notre esprit par la conception de son intelligence, à nos yeux par le spectacle de sa puissance dirigée par sa sagesse; enfin, à notre reconnoissance par tout ce qu'il a fait pour nous; il est trop juste d'examiner maintenant ce que nous lui devons.

J'appartiens à Dieu, à titre de création, le plus absolu de ses droits; je suis dans ses mains plus dépendant que l'ouvrage dans les mains de l'ouvrier; c'est par lui que je pense, que je sens, que je vis, que je respire; c'est lui qui s'annonce à mon esprit, qui donne des loix à ma raison, des affections à mon cœur, qui trouble et calme ma conscience sous l'impression de la crainte ou de l'espoir.

Je lui dois donc hommage de tout ce que je suis: je lui dois donc d'abord un culte personnel qui est l'expression de cet hommage de ma personne.

Mais ce culte qui est ma manière d'exprimer cette affection religieuse, le sentiment le plus sublime et le plus enthousiaste que j'aye reçu de la nature, ne peut exister dans mon cœur qu'il brûle, dans mon ame qu'il exalte, que ma bouche ne s'ouvre pour le publier, que mes bras ne s'élèvent pour le marquer, que mes yeux ne fixent le ciel pour en indiquer l'objet, que mes genoux ne fléchissent de respect pour marquer la profondeur de mon adoration, en un mot, que je ne prête mes organes à tout ce qui en manque pour célébrer l'Auteur de toute chose, en propageant ce sentiment de feu à tout ce qui m'entoure.

Donc le culte que je dois à Dieu, pour mon ame pensante, pour mon cœur sensible, pour mes facultés sociales, pour mon corps organisé, ne peut rester froidement dans mon intérieur, y naître et y expirer sans signe extérieur, sans se communiquer à mes semblables : donc je dois un culte intérieur, extérieur ; je le dois encore public et social.

Je suis une créature sociale construite de manière à n'éprouver pas un grand sentiment, une grande jouissance, sans sentir l'heureux besoin de le communiquer, de le partager avec mes semblables. Le culte ou la religion publique est un des plus beaux nœuds que la nature présente aux hommes, pour les unir en société ; c'est l'intérêt social le plus importent aux gouvernans, aux gouvernés et à la société entière, où j'ai une si grande part :

Aux gouvernans, parce que la religion est la sanction intime de toutes les loix positives, publiées à la conscience par une voix divine; parce que c'est le titre le plus imposant qu'ils aient à l'obéissance des peuples et la plus forte récommandation publique de leurs droits :

Aux gouvernés, parce que la religion est le seul tribunal supérieur à la puissance créée qui les gouverne, le seul qui consacre les droits du peuple et les défend, le seul intermédiaire entre la force et la foiblesse ; l'œil qui voit les injustices de l'homme puissant, la main qui les punit, la seule force publique à laquelle celle du souverain s'est enchaînée, lorsqu'il a fait profession de la religion nationale.

A la société entière, soit comme corps politique, soit comme association particulière :

Comme corps politique, parce que c'est la religion convenue qui publie et renforce le droit des gens, en faisant considérer toutes les nations, comme des branches de la famille universelle dont Dieu est le père, dont tous les hommes sont frères ; c'est elle qui préside à tout traité, pour en bannir la fraude et l'injustice, qui stipule pour l'humanité, et offre dans le code public de sa doctrine des titres à réclamer pour tous les droits ; c'est la seule chaîne qui unisse les nations par des chaînons différens, tous répondant à celui que tient le père commun ; c'est elle qui consacre le serment ; c'est sous ses auspices, c'est au nom de celui qu'elle veut qu'on adore, que l'on jure la fidélité et la vérité qui mettent le seau aux promesses, aux engagemens, aux assertions les plus importantes d'où dépendent le salut des nations, la sûreté des personnes, la fortune, les droits, la vie des particuliers et la justice des jugemens humains :

Comme association particulière, parce que la religion est le frein particulier des passions les plus nuisibles au commerce social ; elle surveille toutes les pensées, toutes les actions ; elle défend tous les intérêts ; elle fait reconnoître et respecter tous les droits sociaux ; elle supplée à ce qui manque à la législation ; elle rend les enfans pieux, les époux fidèles, les pères vigilans et bons, les maîtres soigneux et humains, les domestiques affectionnés et sûrs ; elle veille aux mœurs, à la probité, à la sûreté, à l'honneur de tous ; elle désarme l'assassin ; elle ferme la bouche au calomniateur ; elle étouffe la haine ; elle arrête la vengeance ; elle seule touche ou fait frémir le méchant qui opprime ; elle seule venge, soutient, excite et récompense le bon qui est opprimé. On sent que, pour opérer tout cela, il faut une religion publique, un code de doctrine où tous ces devoirs soient précisés d'une manière plus invariable que dans la religion particulière de chaque individu enclin à s'absoudre.

Aussi tous les peuples civilisés ont tellement senti l'intérêt et la nécessité d'une religion ou d'un culte et d'une doctrine publiques, qu'il n'y en a aucun dans l'antiquité et dans les derniers âges, qui ne l'ait établi chez lui. C'est un fait dont nous administrerons la preuve dans un chapitre consacré à l'examen des cultes ou des systêmes religieux.

Un seul vient de tenter en vain d'étouffer sa religion dans le sang de ses ministres, et de demeurer sans culte : l'impulsion de cet intérêt, de ce besoin que la nature nous a fait, la rappelle à grande force de dessous les ruines de ses temples ; et elle renaît triomphante de l'impiété, des persécutions, et purifiée dans le sang de ses nouveaux martyrs. Donc la religion publique ou sociale est une loi de la nature.

Le culte public, parmi les nations civilisées, doit être considéré comme un spectacle religieux et édifiant, où la majesté des cérémonies, la beauté et les ornemens de l'édifice présentent aux sens une idée grande, et ajoutent à la vénération de l'ame. Si ces cérémonies, ces mystères étoient rendus individuellement par tous les adorateurs, le culte, on le sent bien, cesseroit d'être un objet sérieux de décence et de respect. Aussi, chez toutes, le corps religieux est composé de ministres et des fidèles ; tandis que ceux-là choisis, élevés et instruits *ad hoc*, enseignent la doctrine et célèbrent le culte, ceux-ci écoutent, s'instruisent et adorent.

L'essentiel du culte est *l'adoration du vrai Dieu* ; le mode ou les rits, pourvu qu'ils soient décens, n'étant que la manière de l'exprimer, paroissent abandonnés à la liberté humaine, au goût, au langage, au caractère, aux mœurs et usages des nations. Voilà pourquoi nous voyons

voyons ce mode, aussi différent que les peuples, varier en effet autant que leurs goûts, leurs coutumes, leurs langues, tandis qu'ils sont si uniformes sur le sentiment religieux qui dicte et accompagne leur adoration.

Donc toutes les religions de la terre, qui n'ont rien d'absurde dans l'objet qu'elles présentent à l'adoration, rien d'indécent dans le mode ou la manière de l'exprimer, rien de licencieux dans la morale religieuse, sont plus rapprochées que les peuples ne le pensent communément.

Le culte chrétien, même le plus sévère en principes, n'exclut point du royaume des cieux, qui est l'église triomphante, l'étranger adorateur du vrai Dieu, l'honnête homme sectateur de bonne foi de la religion de ses pères, si Dieu ne lui a pas fait la grace de connoître la perfection du christianisme. Dans ce cas, disent quelques docteurs de l'église et de son école, « le ciel » enverroit plutôt un ange pour baptiser cet » adorateur pur, que de le laisser périr dans » l'erreur »; ce qui, rapproché du langage ordinaire, signifie que cet adorateur, en esprit et en vérité, a implicitement le baptême de desir, parce qu'il desire sûrement connoître et embrasser le culte qui seroit le plus agréable au Dieu qu'il chérit et qu'il sert avec tant de fidélité, enfin la doctrine la plus pure et la plus capable de le conduire à la perfection qui l'enflamme. Le voilà donc chrétien aux yeux même du chrétien !

Donc ces nations ne doivent point se haïr pour des modes de culte la plupart innocens, ni se disputer pour des mystères qui doivent toujours rester mystères ;

Donc elle doivent se considérer comme des branches de la même famille, transplantées sur tous les points de la terre habités, qui expriment en leurs langues, et à leur manière, le même sentiment au même père commun, à la bonté duquel tous ont les mêmes droits, nul ne pouvant exclure son frère de l'héritage paternel, parce que nul n'est juge des dispositions intérieures d'un autre, ni des décrets de Dieu à son égard.

Néanmoins, comme en religion tout est leçon de perfection, la recherche du culte le plus parfait, de la société religieuse la plus sagement organisée, du corps ecclésiastique le mieux fondé, le plus imposant, le plus vrai, ne peut être interdite à la discussion de la raison, à l'inquiétude de l'esprit humain, à l'élan du cœur vers la perfection, à l'intérêt de la saine politique, à l'étude enfin de la vraie philosophie.

C'est à cette précieuse recherche que les plus grands philosophes connus ont consacrés leur tems, leur fortune, leur vie; c'est pour découvrir la meilleure institution religieuse qu'ils entreprirent les voyages les plus longs, les plus difficiles, à travers les régions inhabitées et les nations barbares qui couvroient la terre dans un tems où elle manquoit de route, de police, où la navigation naissante se traînoit le long des côtes qu'elle n'osoit quitter de vue et transportoit à peine le voyageur hors de son pays à travers les écueils et mille dangers. Le feu sacré du génie, l'amour de la vérité et le prix de la vertu qui n'a rien de comparable, leur firent tout quitter, tout braver, tout entreprendre pour aller étudier les principes religieux jusqu'aux termes du monde connu, dans les pays les mieux civilisés et qui avoient le plus de réputation.

C'étoit alors l'Inde et l'Egypte que la philosophie éclairoit; les philosophes Grecs, Platon à la tête, pénétrèrent dans ces régions lointaines, et leur zèle philosophique y fut accueilli par d'autres philosophes; ils furent admis et initiés aux mystères des Brames sur l'Inde et le Gange, à ceux d'Isis sur le Nil; ils eurent le secret de la plus pure philosophie de la terre, de la religion primordiale.

Ils apprirent de ces philosophes, qu'elle leur fut apportée par d'autres philosophes de la plus haute antiquité, venus comme eux de régions lointaines, éclairés alors de cette lumière philosophique qui fait le tour du monde ; et ces sages reportèrent dans leur patrie des trésors intellectuels dont elle n'étoit pas digne, puisque la ciguë en fût le prix. Qui le croiroit ? ils furent obligés de cacher ces vérités neuves, dans l'ame de quelques disciples fidèles. Enfin, en dépit d'une superstition jalouse et persécutante, ils enrichirent la philosophie, et nous ferons voir à la suite que c'est de-là que nous est venue cette lumière qui brûle toujours dans quelques ames; lumière divine qu'une fausse politique repousse, que le caffardisme voudroit éteindre, et qu'on n'a pas encore osé poser à découvert sur l'autel du vrai Dieu ; depuis cette haute antiquité elle y fut toujours voilée sous des mystères.

C'est-elle cependant, qui éclaire tous les

cultes sans les détruire, qui les réforme sans en changer les rits, qui en conserve et en transmet l'esprit à tous ceux qui sont dignes de cette communication, qui fixe les plus beaux génies, les meilleurs citoyens, les hommes les plus sages au culte de leur pays, à la religion de leurs pères, quelques soient les dehors rebutans que la superstition lui ait donnés; c'est-elle qui ouvre son temple aux hommes de toutes les nations comme frères, qui éclaire le sacerdoce et lui en impose par une autorité de raison et de sagesse tôt ou tard redoutable à l'imposture; c'est elle qui, en éloignant toujours les abus du culte public, le soutient par la vérité, empêche qu'il ne serve au factieux, qu'il ne tombe en dérision, et que les révolutions politiques si fréquentes n'y touchent ni ne l'ébranlent; tant la religion est le dernier complément de la vraie philosophie et la découverte des vrais philosophes.

Je conviens qu'il est encore plus important aux nations de ne point laisser détruire ou corrompre le systême religieux de l'Empire, par les systêmes infinis des prétendus philosophes, en leur permettant d'y toucher. Mais, si le corps enseignant est formé de sages, il leur sera aisé d'anéantir les efforts de ces pigmées en philosophie, pour renverser le colosse antique de la vérité ; il ne s'agit que d'examiner les principes de leurs systêmes, leur divergence avec la vérité primitive, et les livrer au ridicule, seule punition des erreurs ou de la folie.

Mais, pour cela, il faut que le génie soit du bon bord et que le corps ecclésiastique enseignant le possède ou sache l'acquérir.

Puisque le culte public (ou la religion du pays) est si important à l'État, au bonheur de l'Empire, puisque la politique et la religion sont deux corrélatifs inséparables, nécessaires l'un à l'autre, puisque l'un réciproquement est la force et la garantie de l'autre, puisque ce sont les deux colonnes sur lesquelles appuye l'édifice social ; l'unité de culte public, l'indivisibilité de la religion de l'État, sont donc aussi nécessaires à la perfection sociale que l'unité et l'indivisibilité du gouvernement.

On sait combien la différence des écoles, des doctrines, des opinions sur-tout en matière inflammable comme la religion, divise les peuples d'un même Empire, les rend ennemis nés, disputeurs et persécuteurs les uns à l'égard des autres! Une secte qui regarde l'autre comme ennemie du Dieu qu'elle adore et vouée à ses vengeances éternelles, est bien loin des sentimens fraternels et de l'union qu'une saine politique doit inspirer aux sujets du même Empire ! L'histoire des révolutions religieuses de notre pays avant Henri IV et de tous les pays de la terre ; l'histoire des persécutions publiques et des fureurs particulières, pour cause dereligion, celle des supplices horribles dont on a puni l'opinion, la conscience dans la personne de tant de malheureux persuadés, fait dresser les cheveux et commande sur ce point une réforme éternelle.

Je n'en connois point d'autre, comme je l'ai déjà dit, que la garantie de la liberté de conscience, la tolérance de toutes les opinions religieuses particulières lorsquelles ne troublent point, du culte domestique ; mais un seul culte public dominant, une seule école nationale, sans autre autorité que la persuasion ; un culte enfin rendu si conciliant, si raisonnable, si vrai, si attrayant, si sage, que nul homme raisonnable de toutes les parties de la terre, de quelque secte il soit, ne s'y trouve point déplacé pour rendre son culte à l'Auteur de sa raison ; voilà ce qu'il faut.

On sent que, pour rendre ce service important au genre humain, il faut que la religion dominante, sans toucher à son essence, donne la main à la vraie philosophie, sans laquelle il n'y a point de vraie religion, pour ne présenter de concert que le vrai incontestable ou le mystère sans interprétation tel qu'il est sorti de la bouche du fondateur, et interdire à son école tous les objets controversés avec les sectes, qui ont coûté tant de sang et répandu si peu de lumière, sans pour cela revenir sur ses décisions. Il est tems que le zèle soit éclairé, adouci, embelli par la sage raison ; en un mot, il ne faut qu'un culte sans contrainte, une école sans controverse, j'allois dire sans docteurs ! mais au moins qu'un docteur n'ajoute rien du sien au mystère, qu'il reste tel pour tous ceux à qui il seroit dangereux d'en pénétrer le sens ! Nous reviendrons sur cet objet important au bonheur public, en son lieu.

CHAPITRE IV.

Développement du sentiment Religieux sur l'immortalité de l'Amè.

LE sentiment religieux dont nous avons prouvé l'existence aussi ancienne que la race humaine ; le sentiment religieux inhérent à la nature de l'homme, fondé sur des motifs que l'ame et la raison ont adoptés universellement ; le sentiment religieux que nous avons reconnu être une faculté réglementaire et constitutive de notre être, faculté qui double le produit du calcul de l'intérêt de l'amour-propre jusqu'à l'infini ; le sentiment religieux enfin a pour une de ses bases principales le sentiment de l'immortalité de l'ame : aussi voyons-nous celui-ci presque aussi généralisé dans tous les âges et chez tous les peuples que le premier.

Je dis *presque*, car l'unanimité du premier est incontestable, et le second souffre quelques légères exceptions.

On remarque, en jettant un coup-d'œil sur les

pages de l'histoire des cultes et des sociétés religieuses, qu'il y est fait mention de quelques sectes isolées de philosophes solitaires qui, d'accord avec le reste du genre humain sur l'existence d'un Dieu immortel, sur la nécessité d'une religion, ne sont pas unanimes sur l'immortalité de l'ame : mais ce ne sont que des sceptiques qui n'affirment rien ; ces faits extraordinaires confirment l'importance des motifs qui ont fait admettre l'immortalité par la presque totalité des hommes, qui ont jugé du peu de poids des raisons qu'allèguent ces matérialistes dans leur doute sur une question aussi importante.

Si l'on n'a pas sur l'ame l'assentiment unanime que l'on a sur la divinité ; rien d'étonnant ! C'est à cause de l'impénétrabilité de la nature substantielle de l'ame, tandis qu'il ne reste nul doute à la raison sur l'existence de Dieu et le culte qu'on lui doit ; néanmoins les conséquences pour la morale sont les mêmes ; l'homme qui croit en Dieu, quelque soit son opinion sur la durée de l'ame, doit le servir et craindre sa justice puisqu'elle s'exécute sensiblement sur lui dès cette vie ; s'il voit son bonheur borné aux termes de sa vie, son intérêt s'y concentre ; il veut y être heureux, et il ne le sera qu'en conformant sa conduite aux desseins de son Auteur ; il veut mourir paisiblement, et pour cela, il faut une conscience calme et une vie innocente ; mais, s'il meurt sans être persuadé d'une vie future, il meurt aussi sans oser affirmer le contraire ; un doute le tourmente, et son raisonnement sur ce doute est un hommage rendu au sentiment universel de l'immortalité : le voici tel que je l'ai entendu répéter plusieurs fois par quelques-uns de ces septiques.

« En conformant ma vie, disent-ils, aux » loix éternelles, aux desseins d'ordre de » l'Auteur de mon être, j'évite les malheurs » et la dégradation attachés aux abus de la » vie ; je saisis le bonheur présent et je ne » risque point le futur, *s'il y en a* ; je m'en- » dore paisiblement dans les bras de la puis- » sance incommensurable qui m'a donné le » jour et que j'ai servie fidèlement ; s'il des- » tine à la fidélité que je lui ai gardée, une » autre récompense que celle que j'ai saisie, » je ne la perdrai pas.

C'est bien la peine de fermer les yeux sur l'unanimité sérieuse du sentiment de l'immortalité, pour finir par un raisonnement qui la suppose ; c'étoit bien la peine de passer à travers toutes les épines de la vertu, sans en cueillir toutes les roses ? Aussi je conclus que cet épicurisme septique, n'est pas même, comme je le disois, une exception à la généralité du sentiment de l'immortalité ; un doute n'excepte point une vérité, il l'a met en hypothèse.

Examinons donc avec candeur les preuves de fait de l'universalité de sentiment sur l'immortalité de l'ame ; ensuite nous déduirons les motifs qui l'ont fait admettre, après quoi nous discuterons sur la nature facultative de notre ame.

Tous les peuples, avons-nous dit, ont eu ou ont encore une religion. Ouvrons les fastes religieux de tous les peuples, leurs livres sacrés ; nous verrons le dogme de l'immortalité de l'ame universellement reconnu comme la base de toutes ces religions.

De toute antiquité, la religion des Chinois a consacré le dogme de l'immortalité : Confutzé, le plus sage et le plus ancien de leurs philosophes religieux, continuateur des livres de Fohy, infiniment plus ancien, et propagateur de cette religion qui touche au berceau de cette partie du monde long-tems inconnue, fait marcher presque de pair le dogme de l'immortalité de l'ame avec celui de l'adoration du *Li*, puisqu'il établit un culte subsidiaire à rendre aux ames des ancêtres ; et depuis ce tems reculé, le Chinois, après avoir adoré Dieu, honore, consulte même les ames de ceux qui lui furent chers.

L'antique religion des Brames, dans l'Inde, contenue dans le Chasta, renouvellée dans le Hanscrit, les deux plus anciens livres du monde connu, établit le dogme de l'immortalité de l'ame. Celui de la métempsicose, qui a pris aussi son origine dans l'Inde, est fondé sur l'éternelle transmutation des ames immortelles.

Le Sabisme dans la Chaldée, au tems où les hommes n'étoient encore que pasteurs, consacre ce dogme avec celui de ces êtres métaphysiques qui, selon eux, présidoient à chacun des astres auxquels ils présentoient un culte.

Le magisme, en Perse, reçut ce dogme de l'ancien des Zoroastres qui donne à l'ame la même origine qu'à Dieu, « le feu principe » et éternel dont elle émane et où elle se » réunit ».

Dans l'antique Phénicie, Sanchoniaton, qui

consulta Jérombal, prêtre d'Iaho, sur la cosmogonie tirée des livres de Thaut, huit cents ans plus ancien que lui, nous assure que la religion des Phéniciens, dans cette haute antiquité, fut toute métaphysique, consacrant aux génies, aux esprits immortels.

Les prêtres Égyptiens, disciples du même Thaut, admirent le même dogme et y sacrifièrent plus que tous les peuples de la terre, en étendant la transmigration des ames ou le dogme de la métempsicose et des esprits célestes, jusqu'aux plantes et aux racines : ils élevèrent à l'immortalité des monumens presqu'immortels, qui durent encore et qui annonceront à tous les siècles leur opinion sur le dogme de l'immortalité des ames dont ils conservoient les corps avec tant de soins et à si grands frais dans ces énormes pyramides, afin qu'elles retrouvassent leur première demeure, lorsqu'après avoir parcouru tous les degrés de la métempsicose, elles reviendroient ranimer leurs premières formes.

Les Arabes, qui tenoient le Sabisme des Chaldéens, sacrifièrent au Dieu créateur, aux génies qu'il envoie présider aux astres, aux ames immortelles qui alloient habiter ces sphères après la mort.

Les Grecs, en croyant aux Champs-Élysées, au Tartare, crurent certainement à l'immortalité. Pythagore donna cette immortalité pour base à son système religieux sur la transmigration éternelle des ames dans le corps des êtres créés. Tout le monde sait l'hommage imposant que Socrate, le plus sage des philosophes, a rendu au dogme de l'immortalité, à l'instant où il alloit le vérifier lui-même, après avoir bu la ciguë.

Les Romains, qui adoptèrent toutes les religions des peuples vaincus, adoptèrent aussi leurs dogmes, et spécialement celui de l'immortalité; car la religion dominante étoit celle des Grecs sur les Champs-Élysées, le Tartare et les trois juges des ames aux enfers. D'ailleurs, l'apothéose de leur premier fondateur, de leurs grands hommes et de la plupart de leurs empereurs, ne laisse aucun doute sur leur opinion à cet égard. On sait ce que pensoient leurs meilleurs philosophes; c'étoient des initiés aux mystères, instruits sur ce que l'on pouvoit savoir de la nature de Dieu et de l'ame. La secte très-exiguë de leurs Épicuriens, n'affirmant rien sur ce dogme, ne le détruisoit pas : ils cherchoient à s'étourdir sur cette pensée, pour approfondir la science du vrai plaisir, et souvent même ils y trouvoient des leçons des plus touchantes vertus; comme la quintessence de ce sentiment, ils mettoient en morale le plaisir sans mélange à la place de l'intérêt présent et futur que la nature a donné pour principe de toute action morale. Leurs successeurs ont bien dégénéré en cherchant un plaisir moins pur.

Les Druïdes et les Bardes, nos ancêtres, admettoient le dogme de l'ame universelle à laquelle toutes les ames humaines se réunissent pour jouir de l'immortalité.

Certainement, les religions modernes, l'Islamisme ou le Mahométisme en Turquie et dans toutes les parties du monde, celle de Brama dans l'Inde, celle de Confutzé à la Chine, celle du Lama que l'on croit éternel au Tibet, celle même des nègres d'Afrique, les plus barbares et les plus hébétés des hommes, qui, dans leur misère affreuse, affrontent la mort pour changer de vie; enfin le Christianisme en Europe, avec toutes les sectes sorties de son sein, ont toutes pour base l'immortalité de l'ame. Quelle unanimité sur un dogme si important à la morale!

Opposerons-

Opposerons-nous à cette série non interrompue de témoignages successifs qui remontent de nous au berceau du monde connu, quelques hordes de sauvages absolument bruts, à peine observés, séparés du reste de la famille des hommes par l'immensité des mers du Sud, qui, dit-on, n'ont point de connoissance de ce dogme ; hordes barbares auxquelles se confondent en ce point nos savans athées du dernier siècle, tant les extrémités se touchent ? L'orgueil abusant des lumières, et la brutalité ne s'en doutant pas.

Mais nos brillans matérialistes, qui ont écrit des volumes inintelligibles sur la nature et la forme de l'ame, en un mot, des gens qui n'ont point encore cette idée réfléchie, d'autres qui la rejettent sans preuves admissibles du contraire, ou qui délirent sur un être qu'ils ne connoissent pas, ou qui doutent même de leur opinion, peuvent-ils anéantir une notion générale, appuyée de grands motifs ?

Ces adversaires nous citent contre l'unanimité de l'admission de ce dogme, dans l'antiquité, le peuple Juif; dans les siècles postérieurs, quelques pères de l'Église, quelques philosophes de la secte d'Épicure; parmi les modernes, quelques insulaires isolés peu connus, quelques prétendus philosophes de leur secte qui disent n'y pas croire.

D'abord, il est faux que les anciens Juifs ne furent point imbus du dogme de l'immortalité. Quoiqu'il ne fût point formel dans la loi de Moïse, elle le supposoit connu. Salomon, dans l'Ecclésiastique, chap. XII, v. 7, s'exprime ainsi : « *comme le corps retourne à la terre d'où il est sorti, l'esprit retourne à Dieu qui l'a donné* » ; et Moïse lui-même n'avoit-il pas dit dans la Genèse, « que Dieu souffla sur le premier homme pour l'animer, et qu'il le créa à son image » ! Est-ce par son corps ou par son ame intelligente, que l'homme peut être l'image du Dieu immortel qui a tout combiné ? Daniel, chap. XII, v. 2 et 3, avoit prédit « qu'il viendroit un tems où ceux qui dorment dans la poussière s'éveilleront, les uns pour la vie éternelle, les autres pour une éternelle confusion ». Les livres de la Sagesse et des Machabées sont encore bien plus positifs sur ce dogme connu en Israël.

Les Pères de l'église, cités par les adversaires, n'ont jamais rejeté le dogme de l'immortalité ; au contraire, ignorant, comme tous les hommes, la nature de l'ame, ils en parloient comme d'une substance qui, quoiqu'elle pouvoit être matérielle telle qu'un souffle, un élément, ne pouvoit néanmoins être détruite, n'ayant nulles parties composées ou corruptibles.

Quant aux philosophes anciens de la secte d'Épicure, ils cherchoient la félicité dans la plus grande délectation de l'ame ; et, trouvant que c'étoit la vertu qui la donnoit, ils la pratiquèrent jusqu'au tems où Rome corrompue corrompit aussi leur systême avec toutes ses institutions sociales.

Les philosophes modernes, connus sous le nom d'Encyclopédistes, commencèrent leur existence philosophique comme les anciens l'avoient finie, par tout oser, tout écrire, tout corrompre. Nous n'avons ni le témoignage de l'ame, ni celui de la conscience de ces sectaires de la philosophie ; nous ne savons pas si les remords de l'uné et l'ignorance de l'autre sur sa propre nature, les ont laissés sans inquiétudes sur un avenir qu'ils affectoient de braver, mais qu'ils ne pouvoient sonder, et s'ils ont été parfaitement convaincus de la mortalité d'une intelligence! En tous cas, le témoignage de leur conduite, de leurs écrits licencieux, de tout ce qu'ils ont fait pour corrompre et détruire les meilleures institutions de leur pays, n'est pas propre à donner à leur opinion singulière un poids qui contre-balance l'opinion générale, je pourrois dire éternelle des peuples et des hommes les plus sages, en faveur de l'immortalité. D'ailleurs, le retour de plusieurs d'entr'eux à cette vérité primordiale et consolante, (la seule ressource qui reste au dernier malheur) lorsqu'ils se trouvèrent écrasés sous leur démolition, prouve qu'ils n'étoient point parvenus à se persuader eux-mêmes de leur doctrine au point de se tranquilliser dans toutes les circonstances de la vie; ce qui ajoute au témoignage universel de l'opinion bien prononcée sur l'immortalité, l'assentiment forcé, la conviction des adversaires qui l'ont combattue, et qui ont en vain cherché à se persuader du contraire.

Enfin les peuples bruts, cités contre l'opinion de la partie saine et perfectionnée, ne prouvent rien à des êtres raisonnables, à des sociétés civilisées, sinon leur brutalité.

« Mais, me dira-t-on, cette opinion sur

» l'immortalité n'est point, comme le sen-
» timent religieux brûlant tous les cœurs,
» intimée individuellement à tous les hom-
» mes; à la vérité, elle a toujours été en
» vigueur parmi les nations civilisées, comme
» la base de leur religion; mais moins comme
» une conviction de l'esprit, que comme un
» systême politique utile à la civilisation,
» contre lequel il a toujours été dangereux
» d'écrire et de s'expliquer : on ne peut
» néanmoins se dissimuler qu'il ne reste dans
» les individus qui la composent, plus ou
» moins de doutes sur cette opinion généra-
» lement publiée, et non individuellement
» transmise : comment donc peut-il rester à
» l'ame un doute sur une vérité si près
» d'elle, si intime, si personnelle, si elle
» existoit réellement » ?

Il faut convenir franchement qu'il y a malheureusement, même parmi les sectateurs des diverses religions de la terre qui ont pour base cette opinion, plus d'individus convaincus du principe religieux que de l'immortalité, sans cependant pouvoir sortir du doute sur cette matière dont la contradictoire ne peut être démontrée; mais, outre que le doute ne prouve rien contre une opinion motivée, universellement admise, qu'au contraire il en suppose la vérité, puisqu'il la met en hypothèse; c'est que, dans le fait, le nombre des septiques est réellement le petit nombre, en comparaison de la multitude des sectateurs de l'opinion contraire.

Ce doute, d'ailleurs, vient de l'impénétrabilité du voile qui couvre à jamais à nos yeux la nature substantielle de notre ame; d'où il suit que la raison, ne pouvant rien affirmer de ce qu'elle ignore, ne peut décider qu'elle soit mortelle; elle ne fournit aucune preuve admissible de cette opinion rejetée avec fondement par la majorité du genre humain.

Au contraire, les preuves qui ont fait admettre universellement son immortalité, sont de nature à persuader sur une opinion décisive de notre sort éternel, sur lequel il n'est ni raisonnable, ni intéressant de rester dans un doute qui peut être funeste.

Nous allons examiner ces motifs, en peser l'importance, et voir s'ils peuvent établir une certitude qui touche à cette vérité. Nous entendrons aussi les raisons des adversaires, et nous y répondrons.

Les motifs qui ont fait admettre universellement le dogme de l'immortalité de l'ame, sont, outre le sentiment religieux qui le suppose, 1°. ce que nous connoissons de sa nature facultative ou de ses opérations intellectuelles, quoique nous ignorions sa nature substantielle; 2°. cette voix intérieure de l'Auteur de la nature à l'amour de soi, à l'intérêt qui nous inspire le desir et le sentiment de l'immortalité; 3°. ce que nous connoissons de la justice de Dieu; sa véracité d'accord avec la crainte et l'espoir qu'il nous laisse à la mort, exige notre foi et la réalité de ce dogme; 4°. la nécessité de cette opinion en société; 5°. enfin, son extrême utilité, son extrême douceur, ce qu'il a d'extrêmement consolant pour tous les individus dans mille circonstances impérieuses de la vie. Reprenons!

1°. Avant d'entrer en lice avec la secte des matérialistes sur ce point contesté, et pour ne point laisser de retranchement à l'ennemi derrière nous, posons un principe que la raison ne puisse désavouer, que les mille et un systêmes sur la nature de l'ame, dont aucun ne prévaut, lui prouvent complettement! le voici, c'est que : « *sa nature substantielle lui étant parfaitement inconnue, et ne connoissant que ses facultés, nul ne peut décider ni prouver qu'elle est mortelle ou immortelle, que par la connoissance qu'il peut avoir de sa nature facultative ou de ses opérations intellectuelles.* »

C'est donc par ses facultés que je vais établir son immortalité ; et, s'il arrivoit que ces preuves d'immortalité tirées de ses opérations facultatives ne parussent point suffisantes aux adversaires, ils n'en seront pas plus avancés pour leur système qu'ils prouveront encore bien moins que nous, par ces données métaphysiques, les seules que nous ayons sur la nature facultative de l'ame ; ils seroient donc forcés aussi bien que nous d'invoquer en vain des preuves directes, tirées de sa nature substantielle ; on sait qu'il n'y en a pas; mais nous saurons aussi que, n'ayant pas plus de données que nous en ce genre, les systêmes infinis des philosophes, sur la nature substantielle du principe pensant qui nous anime, sont sans certitude : il faut que le Dieu qui nous a refusé cette connoissance de nous-mêmes, nous la revèle, pour qu'elle cesse d'être un mystère impénétrable à la raison ; mais nous aurons toujours sur eux les avantages d'une donnée plus directe, en concluant des opérations intellectuelles de l'ame, l'inaltérabilité de ce principe d'opérations inaltérables et l'immortalité de cette intelligence ineffable, ouvrage d'une intelligence éternelle et son image.

Si Dieu nous a caché la nature de ce principe, c'est que, sans doute, il étoit aussi important pour les intérêts de la morale qu'il nous fût caché, qu'il est important que nous soyons assurés de son existence ; peut-être que la réalité nous en eût moins imposé que l'idée que nous nous en formons ; le doute inquiète, l'imagination travaille, et souvent elle présente des images plus brillantes, plus imposantes et plus capables de nous enflammer au profit de la morale, que la réalité ou la connoissance d'une vérité souvent trop simple pour nous frapper, nous donner de la chaleur. Lorsque nous rêvions sur les antipodes, avant leur découverte, quelles grandes idées sur les possibles, dans ces parties inconnues, et sur ses habitans suspendus sous nos pieds ! que tout cela réduit à la simple vérité parut retrécir après la découverte !

Aussi une créature morale et libre qui ne peut rien affirmer sur la mortalité de son être pensant, dont elle sent l'existence et dont elle ignore la nature, est aux yeux de la raison un chef-d'œuvre de combinaison dans l'ordre politique et moral du monde, qui annonce l'existence et la sagesse de l'intelligence qui l'a conçu.

J'ai dit que l'homme connoissoit l'existence du principe pensant chez lui, et qu'il n'en connoissoit point la nature substantielle, je le prouve.

Il pense, il conçoit, il réfléchit, il compare, il juge, il veut; donc il est assuré qu'il a chez lui le principe existant de toutes ces opérations métaphysiques ! Première vérité.

La seconde, c'est qu'il ne connoît point la substance du principe de toutes ces opérations immatérielles, il n'a aucune donnée pour cela et n'en aura jamais : en voici la raison.

Très-certainement il ne connoît aucune partie de son corps, aucune portion de son être, aucun liquide, aucun solide, aucun des élémens qui le composent, qui puissent chez lui produire la pensée; il ne connoît pas mieux les opérations chimiques, hydrauliques et méchaniques qui peuvent se faire dans les derniers tissus de ses organes, dans les derniers capillaires du systême vasculaire, dans les derniers filamens du systême nerveux, pour oser affirmer avec nos systématiques, qu'il s'y fait une secrétion savante d'un feu judicieux, d'une substance pensante; pour entreprendre d'analyser avec eux les mouvemens plus subtils que leur calcul, le méchanisme plus délicat que leur scapel, qui concourent à ces opérations intellectuelles, qu'ils osent expliquer par des règles qui ne leur sont point applicables.

Ni les mains aidées des plus fins outils, ni les yeux armés de verres qui centuplent la vue, ni la conception la plus ample ne peuvent aller jusqu'au berceau de la pensée; tous ces secours empruntés, dans nos recherches les plus exactes sur cette matière, nous laissent à des distances énormes de l'objet que nous cherchons.

Comment donc des hommes qui se sont dit philosophes ont-ils pu prononcer, avec si peu de connoissances, que l'ame ou la pensée n'étoit que le résultat de l'organisation et du méchanisme corporel! que l'homme étoit pensant, comme il est marchant, agissant, parlant, respirant, digérant, etc. et que les progrès de l'esprit, étant chez lui en raison de l'organisation et de l'état du corps ; par exemple, nul en naissant, foible en grandissant, malade ou vigoureux avec le tempérament, baissant avec l'âge, se décrépitant avec l'homme, et finissant avec son soufle, ne pouvoit avoir d'autre principe substantiel, d'autre nature que son corps organisé : il n'est point impossible de répondre à cette difficulté.

D'abord l'homme n'est agissant, parlant, marchant, qu'en vertu des délibérations de la raison, de la volonté et de l'action immédiate de son principe pensant, cela est d'expérience, pour tous les mouvemens volontaires ou moraux motivés : quant aux mouvemens vitaux, tels que la respiration, la digestion, etc. on en connoît à-peu-près le méchanisme ; ainsi, dire que l'homme est pensant comme il est agissant, parlant, etc. c'est une pétition de principe ; ajouter encore qu'il est pensant comme il est respirant, digérant, etc. ; c'est une fausse comparaison, puisqu'on connoît le méchanisme de l'un, et qu'on ne connoît pas même le principe de l'autre ; donc ces objections tombent, faute de justesse dans le raisonnement.

Quant à cette autre difficulté sur les progrès de l'esprit, en raison des dispositions du corps, et la conclusion qui n'en est qu'une modification, cette conséquence n'est nullement déduite de ces prémisses.

Nous ne disons point que les opérations de l'ame sont indépendantes des organes du corps, au contraire nous disons que c'est par ces organes qu'elle reçoit la perception des objets extérieurs, et que c'est par ces mêmes organes qu'elle agit sur les corps; ainsi, il n'est point du tout étonnant que ses opérations soient en raison de cette organisation : mais il ne s'en suit pas du tout que le principe de ces opérations soit de même nature que ces organes, et nous n'y voyons rien qui ressemble à une substance pensante et lumineuse ; ce sont des canaux, des conduits d'un tissu composé, divisible et périssable, qui attendent une injection ou une action motivée d'un principe actif, intelligent, jugeant, voulant; en un mot, ce sont les agrès d'un vaisseau prêt à mettre à la voile, qui attendent leur action, de l'ordre et des dispositions nautiques et savantes d'un pilote intelligent.

Tout ce qu'a dit Helvétius sur l'esprit, l'abbé de Condillac sur la statue pensante, la plupart des raisonnemens même de Lock sur l'entendement humain, tout ce que les subtils matérialistes ont écrit, n'ont point atteint la nature du principe pensant : il semble qu'il se retire à mesure que l'homme fouille ses organes pour le saisir : la plupart n'ont fait que des systêmes d'organisation, même imaginaires, en voulant expliquer par la méchanique, les opérations intellectuelles et ineffables de l'ame. Loin d'avoir jetté du jour sur cette question interminable, ils ont éteint le peu de lumière qui luit dans ce doute éternel, en voulant faire raisonner le sang, ou ses extraits, dans le cerveau.

D'un autre côté, les métaphysiciens qui ont assigné une substance à cet être intelligent, et qui lui ont donné un nom, ont créé de leur cerveau une essence dont il n'a point d'idée ; et quand j'entends un docteur prononcer sur les incompréhensibles, et définir l'esprit, c'est-à-dire, le pneuma, le flatus, le spiratio, ou l'ombre des Grecs, des romains, et même de l'écriture : « *une substance qui n'a aucune partie, qui ne remplit aucun lieu, qui ne peut être contenue, qui est intengible, et qui ne peut sans un concours continuel et immédiat de Dieu, aussi ridicule qu'indécent, agir sur la matière, ni recevoir de perceptions d'elle* »; je pose zéro au bas de ce calcul doctoral, et j'ai la valeur de ce raisonnement prétendu théologique.

Ah! si un docteur pouvoit prononcer ces paroles difficiles : « *Je ne sais pas*, » la vraie religion n'auroit pas tant de surcharges, et si on avoit dit en théologie, nous ne savons pas qu'elle est la nature de l'ame, mais le matérialiste le sait encore moins que nous, l'écriture nous la présente comme un esprit, mais ne définissant point l'esprit, nous n'en savons pas plus que l'écriture, et s'en tenir à la preuve de son immortalité, sans ajouter du sien à l'écriture; cette doctrine auroit produit moins de septiques que cette définition doctorale.

Reprenons maintenant nos preuves d'immortalité tirées des opérations intellectuelles de l'ame, ou de sa nature facultative :

Ces opérations sont, la conception, la pensée, la réflexion, la combinaison, le jugement, la volonté; or, ces opérations métaphysiques qui n'ont rien de comparatif avec la matière connue, rien des mixtes, rien d'étendu, de composé, de dissoluble, de corruptible, rien qui puisse se désunir, se séparer, s'user, fermenter, s'évaporer, en un mot rien de périssable et de mortel, étant des actes simples, indiquent que le principe intelligent, inconnu, producteur de tels actes, est de même nature que ses produits intellectuels, et conséquemment qu'il est immortel.

En effet, l'intelligence qui est une lumière facultative, ne se conçoit pas avec des parties corruptibles; car ses opérations marquent sa simplicité,. son unité métaphysique; par exemple, que la perception d'un corps dur me vienne d'une main, et celle d'un corps mol de l'autre, le jugement qui résulte dans mon ame de la différence de ces deux corps, et du parti que j'en veux tirer en conséquence, ne s'opère ni dans ma main droite qui n'a nulle connoissance de la perception de l'autre, ni dans ma main gauche, par la même raison: ce jugement qui est le résultat de la comparaison de l'un et de l'autre objet, s'opère donc dans une substance distincte de mes deux mains; il s'opère dans une unité de sentiment, de perception, dans un point central métaphysique aussi simple, aussi

aussi indivisible que ce jugement ; donc l'intelligence productrice de ce jugement est aussi simple que lui, n'a rien de comparable à l'étendue, à la divisibilité de la matière connue ; donc cette substance inconnue est inaltérable, indestructible, et tel qu'un élément qui seroit inalliable à d'autres mixtes, elle est immortelle, ou au moins sa mortalité n'est ni concevable, ni probable, elle n'a nulle donnée ; tandis que son immortalité en a de très-probantes, par son analogie directe avec la partie connue, qui sont ses opérations intellectuelles.

2°. En second lieu, je dis que l'ame a le sentiment et le desir de son immortalité : elle en a le sentiment, puisque nous avons prouvé qu'en tout tems, en tous lieux, les hommes par-tout religieux l'ont adoptée comme la base de leur religion ; elle en a le desir, car elle a une horreur invincible de son anéantissement ; et pour fuir le néant, elle s'enfonce dans une éternité qui n'a pas de bornes ; soit qu'elle cultive la vertu, soit qu'elle opère de grandes choses, elle a toujours en vue l'immortalité ; les édifices somptueux dont elle a conçu le plan, et que les bras des hommes ont élevés avec le plus de solidité et de grandeur, soit à la religion, soit à d'autres institutions sociales, sont des monumens qu'elle a consacrés elle-même à l'immortalité qu'elle desire, et dont elle a le sentiment et l'idée. Pourquoi frémit-elle à l'aspect de l'affreuse incertitude que lui présente le tombeau ? Pourquoi espère-t-elle encore, quand toutes ses autres facultés cessent d'agir ; quand elle est assurée que tout est fini pour elle dans cette vie, si ce n'est par la pensée qu'il en est une autre ?

3°. Qui a donné cette pensée, ce sentiment, ce desir, cette crainte, cette espérance à l'ame qui ne connoit ni sa nature, ni les tems futurs ; si ce n'est celui qui sait et a fait sa destinée ? Donc la véracité de cet être parfait, exige qu'elle ne soit point trompée dans ce qu'il lui inspire lui-même ; et Dieu me paroîtroit compromis avec sa sagesse, si cette immortalité et cette éternité qu'il ouvre devant elle n'étoient que des illusions.

Ou Dieu est juste, vrai, ami de l'ordre qui concerve tout, ennemi du désordre qui détruit tout ; ou il n'existe pas, et le cahos règne sur l'incompréhensible.

Or, si mon ame n'est qu'une matière organisée par lui ; si je ne suis entre ses mains qu'une machine qu'il fait mouvoir sans le concours de ma pensée et de ma volonté, il est injuste, auteur du désordre, et ment à ma conscience.

1°. Il est injuste puisqu'il me punit régulièrement des suites malheureuses qu'il a attachées au désordre dont il seroit l'Auteur.

2°. Il en seroit l'Auteur, puisque je ne serois alors qu'une machine, un méchanisme purement passif entre ses mains ; ce seroit donc lui qui haïroit dans mon cœur, qui méditeroit des forfaits dans ma tête, qui prononceroit des jugemens iniques par ma bouche, qui donneroit des ordres ou des conseils destructeurs de toute société par mes organes, qui assassineroit, voleroit ou corromperoit par mes mains. Car que pourroit une machine sensible contre les ressorts qui la pressent, si non marcher et souffrir !

3°. Enfin, il ment à ma conscience qu'il afflige du mal qu'il fait, qu'il flatte du bien qu'il opère, à laquelle il a donné le sentiment de sa liberté, celui de la propriété de la gloire ou du blâme que ses actions méritent.

Que de difficultés à dévorer pour le matérialiste! Peut-il reconnoître dans ce désordre et ce mensonge moral, la justesse et la sagesse de la main qui a tracé le plan du monde physique? Quelle contradiction impossible! quelle conséquence épouvantable, mais juste à tirer de toutes ces conséquences! Ou Dieu n'existe pas, et l'univers n'est qu'une monstruosité négative; ou j'ai une ame métaphysique, libre et morale qui règne dans l'organisation de mon corps pour en diriger les actions morales.

Enfin je le répète, Dieu est juste, ou il n'existe pas; or cette justice exige encore que mon ame survive à mon corps, pour justifier Dieu sur la vie heureuse et prospère du méchant qui m'opprime, et sur le sort déplorable et injuste qu'il me fait subir jusqu'à la mort; à moi dont l'innocence a reclamé en vain sa justice! une mort égale avec un sort et une vie si différente, réclame hautement de la justice divine, un jugement plus équitable, une vie future où les torts et les souffrances injustes de celle-ci soient réparés, les crimes expiés, les calomnies reconnues, les vertus acquittées.

Je sais qu'on m'objectera que j'ignore qu'elle est pendant cette vie l'étendue de la justice de Dieu dans la conscience bourrelée du méchant et dans la paisible et délicieuse innocence du juste, pour oser en appeller de cette justice à un jugement et à une vie future.

Je l'avoue; mais, je ne suis pas moins scandalisé, si Dieu ne m'assure que cette justice s'opère avec une exactitude et une impartialité divine; et comme je l'ignore, je conclus que, si elle manque dans cette vie, elle s'exécutera nécessairement dans une autre; son tribunal est aussi éternel que lui; les siècles n'y sont pas même comptés pour des instans, et le crime ne sauroit se cacher sous leur masse, ni prescrire contre ses droits et ceux de l'innocence opprimée.

4°. Je dis encore que c'est Dieu, c'est la nature qui appelle les hommes en société; c'est donc lui qui a formé les nœuds qui les unissent à cet ordre de choses; or, la sécurité sociale n'étant entière que quand elle est fondée sur l'opinion de l'immortalité, j'ajoute que, puisque Dieu nous a rendu ce dogme nécessaire, il est vrai.

Oui il est aussi nécessaire que le sentiment religieux, pour suppléer aux loix, les sanctionner dans la conscience, faire respecter la puissance ; pour modérer aussi cette puissance, lui tenir lieu de loix, lui faire apprécier les hommes, respecter leurs droits, ménager leur foiblesse et traiter avec les nations d'une manière probe et humaine.

Il est nécessaire aux sociétés individuelles aussi bien que le sentiment religieux, pour engager l'homme à être sage avec lui même, quelqu'éloigné qu'il soit de tout surveillant, à respecter en tous lieux et dans toutes les circonstances les droits, les propriétés, la vie et l'honneur de chacun ; à être enfin bon époux, bon père, bon fils, bon maître, bon ami, bon citoyen, honnête-homme dans tout état.

5°. Enfin, la pensée de l'immortalité de l'ame est nécessaire dans les circonstances les plus critiques de la vie, lorsque l'on perd tout sur la terre, lorsqu'on y est abandonné de tous, lorsqu'il s'agit d'y consommer un sacrifice aussi douloureux qu'important, soit à la nécessité, soit à la justice, soit à l'honneur, soit enfin à la religion.

Qu'il est doux alors de penser qu'on a une ame hors des limites de la puissance du tyran qui nous opprime, une ame fière à laquelle nul n'a le droit de commander la persuasion, une ame souveraine d'elle-même, qui règne sur les passions comme Dieu dans la nature, une ame intègre que le méchant ne corrompt ni n'asservit à son gré, une ame immortelle qui n'attend rien de ce monde et qui voit dans son immortalité toute sa richesse, le seul prix qui soit digne de ses vertus, une ame inaltérable qui échappe à la corruption du tombeau, et qui s'exhale avec le dernier soupir dans le plus doux espoir et les plus belles conceptions ; une ame enfin, l'honneur de notre être, tellement son unique essence digne de nos respects, qu'au moment où elle quitte nos organes, ce chef-d'œuvre de combinaison tombe en dissolution et n'est plus qu'un amas infect qui fait horreur !

C'est cette opinion chère qui console un fils de la perte momentanée et réparable d'un bon père, une mère éplorée de la douleur inexprimable de la mort d'un enfant chéri ; c'est cette opinion qui donne à l'époux l'espoir de se réunir à sa moitié, à l'ami le sentiment qu'il est encore cher à son ami ; c'est cette douce pensée enfin qui a exalté le courage de tant de victimes à qui les fureurs de la révolution n'ont pu arracher un seul mot de désespoir qui ait attaqué ce dogme ; c'est-elle qui versoit la consolation et la paix dans leurs ames innocentes, aux portes de l'immortalité, sous la hache des bourreaux.

C'est cette opinion, heureux et sages Chinois ! qui fait que vous conservez la douce image de vos ancêtres, que vous leur rendez un tendre culte avec tout le respect et la piété filiale, que vous prenez encore leurs conseils et des leçons de leurs exemples ! en un mot, ôtez cette opinion, étouffez l'espoir d'une vie future ; et vous entendrez s'écrouler la moitié de l'édifice social sur l'autre, vous verrez s'effacer de votre cœur la plus riche portion de votre intérêt, vous sentirez se flétrir la fleur de la vie et ses plus sublimes jouissances, et vous verrez le monde moral sortir de son équilibre, ne tourner qu'en criant et par saut sur l'intérêt présent.

Voilà les motifs raisonnés et sentimentaux, voilà les preuves de convenance et de conviction à qui on fait adopter universellement le dogme de l'immortalité de l'ame ! Il faut être furieux d'orgueil, paitri de haine contre le genre humain et d'impiété envers Dieu, pour tenter par un travail d'esprit aussi pénible qu'infructueux, d'arracher du cœur de ses semblables, cette consolation, cette ressource, ce frein, ce doux espoir; pour substituer dans l'esprit humain, aux plus hautes conceptions, le dogme sec et désespérant de la mortalité de l'ame, qui le laisse sans ressources et sans vertus, flottant au gré de ses passions dans un gouffre d'incertitudes plus pénibles mille fois que la crainte salutaire qu'on veut lui épargner.

Profonds scrutateurs des secrets de la nature! Quand vous-avez fait des efforts incroyables pour anéantir les notions qu'elle nous donne et les sentimens qu'elle nous inspire; quand vous avez ourdis les plus brillans systêmes, pour lui donner le démenti sur cette opinion, vous êtes arrêtés tout court par ces questions désespérantes que peut vous adresser le plus ignare des partisans de l'immortalité: « qu'est-ce que l'ame en » tous systêmes? Est-il démontré incontes- » tablement qu'elle soit mortelle? Est-il » impossible qu'elle soit immortelle? Est-il » inconvenable qu'elle le soit »?

Point de réponses satisfaisantes! à moins que vous ne preniez pour réponse ce calcul de votre intérêt, qui vous force de dire: « vivons sans reproches comme si nous étions

» immortels ! si nous ne le sommes pas, nous
» n'aurons point été trompés sur la recherche
» du bonheur, nous l'aurons saisi; et si nous
» sommes trompés, nous l'aurons toujours
» doublé ». Voilà où tous les matérialistes sont ramenés par le sens commun !

C'étoit bien la peine de tant écrire pour en venir là ; c'est ajouter à toutes mes preuves, celle du simple bon sens, qui, malgré vos savantes recherches et vos vains efforts, vous a ramenés aux portes de l'immortalité, faire amende honorable à la raison d'avoir osé attaquer un de ses dogmes.

Nous relèverons les erreurs où on a jeté le genre humain sur la nature substantielle de l'ame, lorsque nous examinerons les systêmes philosophiques et religieux qui lui ont été présentés par des imposteurs.

CHAPITRE V.

Le Théïsme philosophique, ou la Religion du Philosophe chez toutes nations de la terre et dans tous les systèmes religieux.

Le mot *Théos*, dans la langue grecque, a la même signification que le mot *Li* ou *Tien* en chinois, *Iaho* en phénicien, *Knef* en égyptien, *Jehovah* en hébreu, *Allah* en arabe, *Deus* en latin, et *Dieu* en français.

Néanmoins le *Théïsme*, qui vient du mot *Theos*, n'a pas reçu, dans notre langue, la même acception que le mot *Deïsme* qui vient du mot *Dieu*.

Le déïsme ne présente rien de fixe en Dieu; ce grand Être est pour le deïste le résultat de mille et un systêmes contradictoires qui l'anéantissent.

Le théïsme, au contraire, présente avec le plan de la nature, une idée fixe de Dieu; le theïste le cherche et l'adore dans tous les systêmes raisonnables et n'en fait aucun.

Enfin, pour mieux me faire entendre, je me servirai d'une comparaison fort signifiante en ce moment ; le théïste est au déïste, ce que le royaliste est au monarchien : c'est-à-dire que le théïste et le royaliste, d'accord avec les loix du raisonnement et les sages de toutes les nations, suivent la nature des choses en religion comme en politique ; ils ont chacun leurs principes fixes auxquels ils comparent les systêmes variables des hommes ; ils se mettent au-dessus des préjugés qui les ont pu faire adopter ; ils servent chacun leur maître, selon ces principes ; mais ils ne font et ne défont aucun systême.

Au contraire, le déïste et le monarchien n'ayant rien de fixe sur Dieu, le monarque, la morale et la politique, font et défont, sur ces objets importans au bonheur et au repos de la société, autant de systêmes qu'il peut y entrer de contradictions, de variétés dans la tête des hommes, et par-là anéantissent leur objet ou au moins le défigurent.

D'après ces notions préliminaires, pour fixer le sens d'un mot plus important qu'on ne le pense au systême du monde moral, je définis le *théïsme* selon que je l'entends, et non selon la demi-signification qu'on lui

donne à l'école, « *la connoissance et l'a-*
» *doration du vrai Dieu, unie à la con-*
» *noissance et à la pratique de la morale*
» *de la nature chez toutes les nations* ».

Le théïste est donc l'initié aux mystères de tous les cultes religieux qui n'ont rien d'immoral. Le théïsme est donc la lumière, l'esprit recteur, le fonds et l'amalgame de tous les systêmes religieux que la raison peut adopter ; c'est le conducteur de ce feu électrique et divin qui a sa source au foyer de la vérité éternelle, et se communique d'un pôle à l'autre à tous les sages, à tous les vrais philosophes de tous les cultes et de toutes les nations ; qui porte à tous les esprits droits une étincelle de cette vérité - principe qui jaillit au toucher de la droiture et de la raison ; qui donne à tous les cœurs purs qui s'enchaînent sur tous les points de l'univers, cette commotion sensible d'humanité qui prouve à tous les hommes qu'ils sont frères, qu'ils sont chers à l'Auteur de la nature, et qu'ils doivent se l'être beaucoup entr'eux, puisque la différence de la peau, des climats, des usages, des gouvernemens, et même des systêmes religieux, ne fait point interruption, ni obstacle à la communication de ce feu divin, de cette commotion d'amour qui vient du père commun et agit sur tous ses enfans.

Le théïsme est donc la religion-principe que la nature inspire ; il n'est point, comme quelques docteurs ont voulu le faire croire, une religion à part, ennemie ou différente de celle du pays où le théïste habite; c'est le principe, c'est l'ame, c'est la rectitude de cette religion.

Point de doute, cependant, que, si la religion nationale étoit elle-même contraire à la religion de la nature, absurde, atroce ou immorale dans ses principes, elle ne pourroit s'unir au théïsme qui ne touche rien de corrompu. Mais cette ame paisible et pure de toutes les religions ne s'exhale d'un corps religieux que quand la corruption, rébelle à tous ses efforts, s'est fixée au point de devenir mortelle; alors elle se retire chez les sages de la nation, sans jamais troubler l'État; elle ne règne que sur la pensée et par la persuasion.

Voilà le théïsme philosophique! ce n'est ni le théïsme que Voltaire et ses sectaires ont défiguré, ni celui que les docteurs calomnient ; c'est le résultat des loix de la raison et des règles de la sagesse.

La fausse idée que l'on a prise du théïsme, vient de ce que l'on confond ordinairement deux choses bien différentes, « la religion » et le culte, le sentiment religieux et le » système religieux ». Le premier est la chose même ; l'autre n'en est que le mode : la religion est ce sentiment sublime que la nature inspire à tous envers son Auteur, le culte n'est que la manière d'exprimer et de rendre ce sentiment.

La nature, toujours d'accord avec la raison universelle, est précise sur le premier ; tous les dogmes qu'elle nous révèle, tous les préceptes qu'elle nous impose à cet égard, sont en principes ; et tout principe est invariable.

Il n'en est pas de même du second ; la manière de rendre ou d'enseigner ces principes, d'exprimer ce sentiment, peut différer autant que les langues, les usages, les loix, les dispositions d'ame et de caractère des divers peuples qui habitent les différentes contrées de la terre, sans que pour cela ces principes soient altérés.

Il s'ensuit que ce mode peut être livré aux

systêmes des hommes, sans que pour cela la religion-principe ou le sentiment religieux inspiré par la nature puisse varier; et de fait, l'extrême variabilité des cultes, chez tous les hommes et dans tous les tems, prouve que le mode ou la manière de rendre et d'exprimer le sentiment religieux, a été abandonné à leurs systêmes; tandis que les préceptes religieux et moraux qui viennent de la nature, et qui sont toujours le fond de toutes ces religions, sont demeurés invariables; ce qui prouve qu'ils ne se prêtent aux systêmes que pour l'expression.

En effet, y a-t-il un systême religieux (pour peu raisonnable qu'il soit), qui n'ait pour bases l'existence et l'adoration du vrai Dieu, l'immortalité de l'ame, son sort attaché à sa fidélité, aux principes de la morale? A-t-on jamais varié sur ces dogmes?

D'où je conclus que la connoissance et l'adoration du vrai Dieu, la fidélité à ses loix morales, promulguées dans la nature constitutive de l'homme et révélées à son ame immortelle, est la religion-principe qui lui est naturelle, invariable dans les deux hémisphères, sans laquelle tout systême religieux est faux ou absurde; que quiconque

a

a celle-là, ne peut sans calomnie être qualifié d'homme sans religion ; et que quiconque ne l'a pas, est irréligieux, et doublement impie, s'il est hypocrite.

D'où je conclus encore, que tous les modes, les cultes, les systêmes religieux qui sont, comme nous l'avons dit, livrés au choix, au goût, à la liberté des nations ; qui ont pour base cette religion naturelle qu'ils ne dénaturent pas, avec laquelle ils n'ont rien mêlé de contradictoire, présentent un culte raisonnable plus ou moins parfait, selon leur rapprochement ou leur éloignement de cette religion mère, de ce sentiment-principe, de cette vérité primitive.

J'ai dit « suivant leur rapprochement » ou leur éloignement de ces principes », parce que les mystères de la nature, n'imposant point une foi aveugle, permettent à l'homme de les approfondir, piquent même sa curiosité pour cela : mais, si ses efforts pour s'en éloigner sont nuls, le mystère est constaté à la raison ; et s'il parvient à arracher quelques coins du voile et à découvrir quelques-unes des faces inconnues de cette vérité, c'est alors que ces dernières découvertes se prêtent aux systêmes, aux emblêmes, au langage mystérieux; de-là, ces mystères de convention, ces emblêmes politiques ajoutés aux mystères de la nature dans tous les systêmes religieux de la terre : on sent bien que je ne parle point encore de la religion chrétienne où tout est fixé.

Le théiste sait qu'il ne peut s'en tenir à une religion-principe purement spéculative; que, le mode étant aussi nécessaire que la chose, il doit, comme adorateur du vrai Dieu et comme membre de la société, son hommage à la religion publique, et s'unir à ses concitoyens pour rendre son culte; mais, comme philosophe, il examine tous les cultes, soit pour embrasser le meilleur, soit pour en concevoir une idée raisonnable; il en prend la clef, il pénètre au sanctuaire des initiés; il les tolère, s'ils n'ont rien d'impie, de contraire à la raison, et s'ils sont innocens; il en adopte les mystères, si ce sont des moyens de rendre la vérité plus imposante, moins commune, pour ne point l'exposer à de fausses ou dangereuses interprétations, lorsque le caractère, le degré de civilisation et de lumières des peuples ne comportent point la connoissance d'une vérité trop simple et trop nue pour des sens grossiers. Mais il rejette loin de son cœur tous dogmes faux, contradictoires avec la raison, la religion et la morale qu'il a étudiée dans l'Auteur même de la nature; il les efface pour lui du code religieux de son pays, et tolère le reste, s'il est tolérable; jamais il ne trouble, et le crime commandé peut seul le dégager de la religion de ses pères.

Ne vous effrayez point, zélés propagateurs de la vraie religion! Je ne traite point ici du meilleur culte; je ne parle que généralement des systêmes religieux de ce monde, en philosophe et en politique : je pose en principe avec vous, « *que l'homme raisonnable et* » *sage doit en religion, plus qu'en toute* » *autre chose, rechercher et embrasser le* » *plus parfait* ». Mais, avant de faire l'application de ce principe, permettez-moi d'observer deux vérités constantes dans la nature humaine, et d'en tirer les meilleures conséquences pour éclairer la question que je traite.

La première est cet accord unanime de tous les hommes, de tous les peuples, sur les principes de la religion naturelle, tels que la connoissance et l'adoration d'un Dieu, l'immortalité de l'ame, les principes de l' morale, et cette différence extrême qui existe de fait entre toutes les nations sur le culte et les systêmes religieux.

La seconde vérité, c'est, d'un côté, l'attachement extraordinaire de tous les peuples au culte religieux de leur pays, à la religion de leurs pères; attachement que la persécution et les supplices ne rendent que plus fort, que le martyre honore, ennoblit même de la palme de l'héroïsme; attachement que rien ne peut rompre, dans lequel l'homme veut expirer, et auquel seul il confie le sort de son ame; de l'autre côté, c'est la mauvaise opinion, le mépris, l'horreur invincible que l'on a par-tout pour le vil renégat, l'apostat de la religion de ses pères.

D'où je conclus, premièrement, que l'Auteur de la nature, qui a rendu les hommes si unanimes à l'égard du sentiment religieux et de la morale qu'il leur inspire; qui les a laissés varier à l'infini sur le mode de leur culte, a laissé ce mode à leur choix, ou, pour mieux dire, à leurs recherches.

Or, la grande majorité des hommes qui ont adopté partiellement ces cultes innombrables, ne sont pas à même d'étudier, de discuter tous les systêmes religieux de chaque nation, pour connoître et n'embrasser que la véritable religion ; on sait qu'elle n'éclaire que quelques heureuses contrées de la terre où elle est même déchirée en lambeaux par des sectes ennemies ; et quand même cette majorité parviendroit à la découvrir, tous auroient-ils le bon esprit d'en voir toute la pureté, toute la sainteté, la vérité éminentes ? Tous auroient - ils la force de lui sacrifier cet attachement invincible à la religion où l'on est né ? D'ailleurs, la foi, vous le savez, est un don de Dieu tout gratuit ; heureux celui qui l'a reçu ! Mais peut-on exiger d'un homme, que dis-je ! de tout un peuple privé de cette grace sans y avoir mis de coupables obstacles, de croire en d'autres hommes sur parole, contre la plus forte persuasion imprimée de naissance, et leur faire un crime de ne pouvoir croire ?

Donc, tous les hommes qui ignorent ou l'existence de cette véritable religion, ou qui ne sont point à même de sentir la force des preuves de la vérité de sa doctrine, ou qui n'ont point reçu le don de la foi, et qui rendent néanmoins à Dieu un culte innocent dans la religion de leurs pères, de leur pays, et sous les auspices de leurs loix, sont

N 3

eux-mêmes innocens et moralement irréprochables aux yeux du Père commun et de tous les amis de la vérité, dans toutes les religions de la terre.

D'où je conclus, en second lieu, que l'attachement extraordinaire que l'Auteur de la nature inspire à tous les hommes, à tous les peuples, pour le culte de leur pays et la religion de leurs pères; que le mépris, l'exécration dont il veut que l'on couvre ceux qui l'abandonnent pour une religion étrangère; que le respect, la vénération religieuse que l'on porte en tous lieux à celui qui conserve fidélité à son culte au prix de la vie, est un lien sacré dont il a voulu resserrer, par des nœuds différens, les sociétés nationales, et attacher les hommes aux loix de leur pays et aux climats où il les a placés; qu'enfin il leur a laissé le choix du mode de leur culte comme du mode de leur gouvernement, pour les unir en nations; tandis que, d'un autre côté, il leur inspire à tous individuellement les mêmes principes moraux, politiques et religieux, pour unir toutes ces nations particulières à l'intérêt général de la grande famille de l'humanité entière.

En effet, n'est-ce point une maxime généralement admise en politique, « *que la » religion publique est si nécessaire à un » État, qu'il vaudroit encore mieux en to- » lérer une fausse que de n'en point avoir du » tout* » !

N'est-ce point une autre maxime reçue, dont le principe a existé de tous tems, mais dont la conséquence vient d'être prouvée d'une manière épouvantable, « *que, sans » religion publique, point de gouverne- » ment, point de loix; des tyrans et des » esclaves* » !

Donc le sentiment qui nous unit à la religion de nos pères, et le mépris dont nous couvrons les apostats, n'est point l'effet d'un préjugé ni d'une fausse éducation, mais une impulsion unanime et sage de la nature, calculée sur l'intérêt social, et un jugement sain de la lâcheté et du scandale de ce procédé. C'est le cas d'invoquer ici le principe que *l'assentiment général et la raison universelle ne trompent jamais.*

Oui, l'expérience vient à l'appui du principe, et nous prouve journellement que l'apostat de la religion de ses pères est presque toujours, ou un hypocrite sans religion, ou un fripon sans morale qui a malversé chez

N 4

les siens, et vient en faire autant chez l'étranger, ou enfin une dupe, une pauvre tête, que la société religieuse d'où il sort et celle où il entre n'estiment point.

Aussi, quand a-t-on vu un sage, un vrai philosophe, un théiste, changer de religion, à moins que ce ne soit pour le salut de tout un peuple, comme Henri IV, et par une franche persuasion, comme Turenne, qui tous deux sectaires, sont retournés, comme ils le devoient, à la religion-mère, au culte de leurs ancêtres. Ce n'est point là changer de religion, c'est y retourner.

D'après ces principes, qui sont d'une éternelle expérience, d'une éternelle vérité, le prosélytisme inportun, le zèle persécuteur, les supplices pour des opinions, la tyrannie sur les consciences, le mépris des autres religions, la haine contre leurs sectateurs deviennent des crimes contre les loix de la nature, des attentats contre la religion même qu'elle inspire et contre la liberté qu'elle donne aux nations, des erreurs contre les principes de la raison, et des bévues en politique, destructrices des loix, des empires, des nations, en un mot, du droit des gens.

Sans doute un mode universel de religion qui mettroit toutes les nations dans l'unité d'expression du même sentiment aux pieds du père commun, est une superbe et douce spéculation ; mais la nature ne s'y prête pas ; elle y apporte au contraire une résistance de caractère de peuple à peuple ; car ils sont tellement variés, selon les climats, que les nuances en sont d'une teinte forte entre les nations : c'est le moyen que la nature emploie pour les retenir dans les climats les plus disgraciés de la terre, et d'empêcher les peuples de s'écraser en affluant, par un intérêt et des usages trop communs, dans les climats les plus fortunés. Il faut donc laisser faire la nature et abandonner ce beau rêve qui ne peut se réaliser, sur-tout en faveur de la foule.

Mais, ô bonté divine ! il cesse d'être un rêve pour les sages de tous les pays. Le théisme, ou la religion-principe et primordiale, les unit à jamais aux pieds du même Dieu et dans la croyance de ces vérités-principes desquelles les fondateurs des religions et des cultes particuliers ont tiré des vérités subséquentes, systématiques ou usuelles.

C'est par ces sages que toutes les nations

se touchent, se communiquent, se supportent, s'éclairent et consentent d'établir entr'elles des principes généraux de tolérance, d'humanité, de morale, de religion, de droit public. C'est par eux, c'est à leur tribunal que les plus grands intérêts des nations se traitent, et que la franchise, la probité, la justice, président à ces traités ; ce sont eux qui éteignent ou tempèrent les haines nationales, qui adoucissent le bruit des armes par les accens de l'humanité, qui donnent des règles aux fureurs mêmes de la guerre, quand ils n'ont pu persuader la paix aux gouvernemens; ce sont eux qui, chez tous les peuples, accueillent l'étranger, protègent le voyageur, distribuent la lumière à ceux qui sont venus de loin la chercher ; ce sont eux qui présentent à leurs nations, comme des hommes, le blanc, le noir, le basanné, le cuivré, le catholique, le quaker, le mahométan, le Juif, le Chinois, le Japonnois, dans lesquels, la plupart du tems, le peuple de leurs pays ne verroit que des monstres, des impies, des hérétiques dignes de toute la colère du ciel et conséquemment de toute leur fureur, au moins de leur mépris; ce sont eux enfin qui donnent un caractère et du lustre à leurs nations. Voilà, ô mes semblables, les sectateurs estimables de cette religion universelle tant desirée; voilà les philosophes que l'on veut vous faire haïr.

Mais ne vous y trompez pas; ces hommes respectables ne sont point ces indifférens en religion, ces impies en titre, ces êtres immoraux destructeurs de tout culte, de tout gouvernement, qui ont paru dans ces tems malheureux, sous le nom de philosophes, et qui ne seront connus de la postérité que sous celui de déistes, de matérialistes, d'anarchistes et d'athées. Ces misérables vouloient aussi usurper le beau nom de théistes; mais je démontrerai qu'ils étoient encore plus éloignés de s'entendre avec les théistes qu'avec les crédules superstitieux qu'ils ont chargés de tant de ridicule; car l'un et l'autre détruisent, et ces derniers réunissent fort bien les deux extrêmes: nous en avons eu de terribles exemples dans ces derniers tems. Combien de dévots et de caffards démasqués se sont rués furieux sur l'objet même de leur dévotion ou de leur caffardisme! Mais le théiste est le sectateur le plus franc, le plus éclairé, le plus fidèle de la religion de ses pères; c'est l'or sans alliage.

Je vais vous donner la profession de foi du théiste, et vous l'appliquerez vous-même aux principes et à la conduite de ceux qui en prétendent les honneurs.

1°. Toute la nature révèle hautement l'existence d'un Dieu; le théiste embrasse fortement ce dogme et en tire son nom et son bonheur.

2°. La nature a jeté un voile impénétrable sur l'essence divine; le théiste adore, sous ce voile mystérieux, un Dieu trop grand pour être compris dans le cercle étroit de nos conceptions.

3°. La nature présente avec le plan de l'univers, avec le tableau de notre intelligence dessiné au milieu de nos organes, quelques esquisses de l'essence facultative de Dieu ou de ses opérations divines; le théiste y reconnoît une Intelligence éternelle, unique, puissante et sage, un Être-principe immense, juste, bon, aimant, aimable, en un mot, infiniment parfait, à qui l'homme doit hommage de tout ce qu'il est, de tout ce dont il jouit, conséquemment un culte.

4°. La nature inspire à tous les hommes un sentiment religieux qui les met en présence de ce Dieu, qui leur rappelle continuellement ce qu'ils lui doivent; le théiste en est pénétré plus qu'aucun autre.

5°. La nature a laissé à la liberté des nations, à leur goût, à leur caractère, aux influences du climat sur les différens peuples, le choix du mode ou la manière d'exprimer à Dieu ce sentiment; elle a attaché les hommes à leur culte, à leur gouvernement, comme elle les attache au sol de leur pays; elle a fait de leurs systêmes religieux le lien de chaque empire, la garantie de ses loix.

Le théiste, toujours près de la nature, est l'adorateur le plus vrai du Dieu de ses pères, le sectateur le plus pur et le plus éclairé de la religion de son pays, si toutefois elle n'est ni absurde ni immorale; il est l'*initié* aux mystères que le fondateur de cette religion a cru devoir présenter à la foi publique. Par exemple :

Si le caractère d'un peuple, son apathie, son peu de lumières ou l'impétuosité de son imagination, ont fait juger au sage qui lui a donné son code religieux, qu'il étoit dangereux d'offrir à son adoration un Dieu sans image, le Dieu invisible de la nature; et qu'il ait jugé nécessaire de le lui présenter sous un type décent, sous des mystères qui n'aient rien de contradictoire avec cette première idée de Dieu ; s'il a jugé prudent et utile de lui montrer ses attributs, sa puissance, sa bonté, sa justice, etc. sous des emblêmes plus sensibles et plus pittoresques pour son esprit grossier ; si on a joint au culte quelques mystères qui le rendent plus profond, des cérémonies qui rappellent quelques faits vertueux, intéressans à la morale, à la religion ; le théiste en saisit la clef, il en ouvre le secret, il en connoît l'esprit et il adore avec le peuple, sous ces emblêmes, le Dieu caché dont la nature lui démontre l'existence.

6°. La nature ne répond point à nos questions sur le commencement et la fin de toutes choses ; mais elle permet qu'on les lui fasse. Le théiste adore religieusement ce mystère de la nature ; mais il examine en critique le meilleur système qu'elle a permis aux hommes de construire sur cette question, peut-être trop nue, pour la laisser sans réponse à l'imagination des peuples, qui y répondroit des absurdités.

7°. La nature démontre sensiblement à l'homme l'existence de son ame ou du principe intelligent qui, chez lui, pense, combine et juge; elle lui a caché entièrement la nature substantielle de cette intelligence; mais elle lui dévoile ses facultés : il sent, il voit que ses opérations intellectuelles, telles que la pensée, n'ont rien de la matière connue, et qu'elles annoncent et réclament un principe aussi simple, aussi inaltérable qu'elle : c'est d'après ces notions, comme nous l'avons vu, c'est d'après son intérêt sur-tout en société, qu'elle lui inspire le sentiment universel de son immortalité.

Le théiste, fidèle à ce dogme sentimental, marche à l'immortalité par la route des vertus qu'il remplit d'actions dignes des rémunérations d'un Dieu juste, de l'estime et de l'édification de ses semblables. Si ce dogme d'une substance inconnue ne peut être saisi par la foule, si on juge convenable de le rapprocher de sa capacité sous des emblèmes qui la frappent plus sensiblement, sans être contradictoires à cette vérité; si on a voulu, pour les intérêts des loix de la politique et de la morale, lui peindre en religion les suites heureuses ou malheureuses de son immortalité, par des types et des expressions qui lui rapprochent l'éternité et lui rendent la justice divine plus sensible; le théiste se sert de ce langage convenu pour exprimer lui-même ce dogme de la nature; et, uni au peuple par l'intérêt de l'immortalité, il lui en ouvre le chemin en y entrant le premier et en y laissant des traces de vertus.

8°. La nature a gravé sa morale dans le cœur, dans la conscience de l'homme, dans toutes les facultés de son être; elle en a révélé clairement les principes à son ame, à sa raison; le théiste l'étudie avec respect, l'observe religieusement et la démontre au peuple par l'exemple.

Si on a jugé à propos de rènforcer quelques préceptes de morale dans le systême religieux, à cause de quelques préjugés ou de quelques penchans vicieux du peuple, ou si, connoissant son inertie, on a voulu la lui peindre plus sévère., afin d'obtenir de lui au moins une partie de ce qu'elle commande, ou si le beau zèle a emporté le moraliste au-delà de la perfection, le théiste, qui la connoît, va au but par la ligne la plus courte.

Si le fondateur du systême religieux a établi de justes expiations pour les crimes et des moyens praticables de dompter les passions pour éviter d'en être dominé, ou si un zèle imprudent

imprudent a été jusqu'à détruire la nature et renverser ses desseins, le théiste, qui sait qu'il est homme, et conséquemment faillible, sait où il doit s'arrêter et s'y conforme jusque-là.

9°. La nature a publié avec la morale générale, les principes de la morale politique; et, graces au ciel, elle n'en a fait qu'un seul et même code uni à celui de la religion : elle a dicté les conditions qui font la base du contrat social; savoir : « protection franche et éclairée » de la part du gouvernement : soumission » franche et éclairée de la part des peuples : » elle en a confié l'exécution au meilleur intérêt des gouvernans et des gouvernés ; elle laisse le mode des gouvernemens au choix, au caractère, aux mœurs des nations.

Le théiste est le plus sage calculateur de l'intérêt public ; comme il seroit le gouvernant le plus probe, le plus humain, le plus religieux, il est le gouverné le plus fidèle aux loix de son pays, celui qui connoît le mieux l'importance du serment qui le lie à la patrie et à la société.

10°. La nature enfin appelle l'homme à la perfection philosophique, à celle du cœur et de l'entendement humain, en raison des lumières et des dispositions qu'elle lui a départies : le théiste qui connoît mieux que personne l'importance et la douceur de ce précepte, qui en sait les règles et les bornes, entre dans cette brillante carrière, se porte au but et ne le passe jamais; jamais il ne raisonne sur les secrets impénétrables de la nature, contre les intérêts de la morale, de la religion, et du gouvernement de son pays; s'il est en place pour cela, il indique l'abus, et propose des moyens toujours sages et possibles de réformer sans détruire; s'il peut écrire sans danger pour la chose publique, il le fait avec prudence, il ne brûle point de sa lumière les yeux des aveugles; enfin le lien social est pour lui un nœud divin qu'il ne tentera jamais de dénouer.

Voilà le théiste ! voilà sa religion, sa doctrine, sa politique, sa morale, sa philosophie dans toutes les contrées du monde, sous tous les gouvernemens, et dans tous les cultes de la terre habitée !

O philosophes hardis! qui avez tout osé contre toutes ces institutions sociales, qu'êtes-vous près de celui-là ?

Et vous docteurs de l'école chrétienne, adorateurs du vrai Dieu, en esprit et en vérité!

refuserez-vous le titre de frères aux plus sages de vos semblables chez toutes les nations? refuserez-vous le baiser fraternel à celui qui cultive la vertu que vous prêchez, qui observe tous les préceptes, qui suit tous les rits, qui respecte tous les mystères que vous enseignez, sous prétexte qu'il les voit sous un autre point de vue que vous? Eh! quel droit avez-vous, sur la manière de voir à l'intérieur qu'on ne manifeste pas? Persuadez, mais sachez que la persuasion s'inspire et ne se commande pas, puisqu'on ne peut se la commander à soi-même! Si vous avez, vous, la vraie foi, la vraie charité chrétienne, vous tendrez les bras à tous les vrais sages, comme Jésus-Christ est mort pour tous les coupables; vous ouvrirez vos temples à tous les vrais adorateurs, comme l'église ouvre son sein maternel à tous les hommes de bonne volonté; le feu de cette charité si belle, qui caractérise le chrétien, s'élancera de votre cœur dans celui de vos semblables; et, uni au feu de l'humanité que la nature y a caché, pour rendre tous les hommes chers entr'eux, il le purifiera et y allumera l'holocauste le plus agréable au Dieu de bonté qui leur a à tous créé un amour de frères.

Pasteurs chrétiens, objets et fruits de l'amour du plus aimant des maîtres ! je voudrois vous unir à l'élite de toutes les nations; je voudrois m'unir avec vous, dans le temple chrétien, à des milliasses de frères; je voudrois vous ramener tous ceux qu'une roideur scholastique vous a aliénés, qu'une fausse philosophie a séparés de vous; si vous avez un bon cœur, il doit palpiter à cette proposition; si vous avez une ame pure, elle doit tressaillir; si vous avez un esprit juste, vous saisirez la justesse du calcul que je présente à votre intérêt; car il ne s'agit plus d'ébranler votre État, mais d'agrandir l'église et de la consolider à jamais.

Dans ce dessein si beau, que je crains qu'il ne me séduise, je vais conduire mon lecteur à un examen succinct de tous les cultes, de tous les systêmes religieux et philosophiques qui ont existé avec une certaine célébrité : je finirai par les comparer au culte chrétien, à la bonne religion de nos pères, et j'espère que la comparaison toute critique et impartiale qu'elle puisse être sera en faveur de ce dernier.

Je me donnerai bien de garde de traiter du christianisme en théologien, c'est le droit de l'école, elle a tout dit en cette matière; et si, malgré la force de ses raisonnemens, la fausse philosophie a fait une moisson étonnante dans l'église, il ne me reste, on le sent bien, que la voie de la raison, pour y ramener ceux dont la raison a été égarée; je prouverai la vérité et la divinité de ma religion, par sa conformité frappante avec celle du théisme que l'Auteur de la nature a sensiblement promulguée dans le cœur et dans la raison du sage; par sa perfection sur toutes celles qui existent et qui ne sont que l'ouvrage des hommes: sans doute que ce qu'il y a de plus parfait sur la terre en religion, de plus conforme aux inspirations sages de la nature, est la doctrine qui vient de Dieu.

Cette preuve sera plus frappante, plus concluante, plus piquante pour des philosophes trompés, que la répétition fastidieuse de toutes celles sur lesquelles la philosophie a fait tant de septiques, et elle ne les détruira point.

C'est une fausse et indiscrette théologie qui a prêté le flanc à la fausse philosophie, en voulant commenter la doctrine divine dont l'église seule est l'interprête et a le droit d'en fixer le sens.

C'est la fausse philosophie qui a tout perdu, qui s'est emparée de toutes les têtes, qui les a égarées.

C'est la vraie philosophie, la vraie doctrine qui seules peuvent tout ramener.

C'est donc aux philosophes à qui j'ai à parler. Les êtres raisonnables entrent volontiers dans la carrière de la raison, pour aller à l'intelligence qui l'éclaire ! Heureux si je puis contribuer à fixer au sein de ma patrie, la bonne, la pure religion qu'on vouloit en exclure, dans laquelle nous avons puisé tant de consolations, et qui mène à une si haute perfection !

Mon but, comme on le voit, est de ramener des égarés au sein de la famille, de frapper avec eux aux portes du temple de la religion de leurs pères ; c'est aux prêtres à les introduire jusque dans le sanctuaire de la foi et des mystères de cette religion. Dès que leur lèpre sera guérie, je ne manquerai pas de leur dire, *ite, ostendite vos sacerdotibus*, allez vous montrer aux prêtres. En attendant, nous allons d'abord entrer dans la galerie des systêmes religieux et philosophiques qui ont paru sur la terre : le théiste y verra les fondateurs de presque toutes les religions couvrir aux yeux trop foibles du peuple, les vérités trop nues, et les mystères trop profonds de la nature sous d'autres mystères positifs ; mais qui, pour avoir du sens et remplir leurs desseins, doivent toujours être des emblêmes explicatifs de ces premières vérités ; il verra le peuple et ses docteurs, de la seconde main, réaliser presque par-tout ces emblêmes, et les entendre et les enseigner dans un sens littéral qui change totalement et le sens et la religion du fondateur : ainsi le théiste se méfiera du sens littéral ; c'est sur celui là qu'il portera toute la lumière de sa critique.

CHAPITRE VI.

Examen succinct et critique des systêmes religieux et des opinions des philosophes jusqu'à l'époque de l'établissement du christianisme dans l'empire Romain.

Nous l'avons dit, le commencement et la fin de toutes choses, la source ou la matrice d'où viennent et où retournent les êtres, la nature constitutive de ceux de ces êtres avec lesquels nous n'avons aucune analogie, qui n'ont eux-mêmes aucun analogue parmi les êtres dont nous connoissons la nature, sont lettres closes pour le philosophe; parce que la plupart de ces objets, ou ne présentent aucunes faces aux dissertations de l'esprit humain, ou, s'ils en présentent une, n'ayant rien de comparable à la face inconnue que le philosophe cherche à découvrir, ils ne lui offrent aucun degré de certitude analogique, aucune base de systême.

Il reste encore bien d'autres mystères de la nature à découvrir, et qui ont résisté jusqu'ici à tous les efforts de la curiosité humaine; tels sont dans la philosophie rationelle, la dernière raison des choses, la dernière division des corps, les derniers erremens de toutes les propriétés de la matière, les élémens purs, leur nombre, leur qualité, leur nature; dans la philosophie pratique ou expérimentale, le *quomode*, le mode par lequel tel corps existe, il exécute tel mouvement, il a telle propriété; par exemple pourquoi et comment mon bras remue à ma volonté? comment se fait la digestion? comment s'opère la secrétion des esprits vitaux et ce qu'ils sont eux-mêmes? O homme! si tu t'ignores toi-même, comment sonderas-tu les abîmes de la nature et de son Auteur?

Je suis bien loin de blâmer les efforts de l'esprit humain, pour arracher le voile de la vérité, approfondir les secrets de la nature, et monter aux plus hautes découvertes: c'est sur la route de ces vérités fugitives, qu'on a acquis de superbes connoissances sur des objets qu'on ne cherchoit point; je le répète, quand on pense à tant de richesses acquises en chymie, en anatomie, en mathématique, tout en faisant de folles recherches, on étendroit volontiers encore les bornes déjà si reculées de la philosophie systématique.

Aussi, je ne dis point qu'on cesse d'être vrai philosophe, quand on se livre à l'étude d'objets en partie inconnus, et quand, dans un systême raisonné, on rend compte de ses apperçus; pourvu toutefois qu'on ne les donne que pour ce qu'ils sont, c'est-à-dire, des systêmes.

Mais je veux que ces systêmes soient toujours étayés d'une certitude analogique; certainement le philosophe qui va au-delà des bornes de sa raison se perdre au pays des chimères, perd aussi sa qualité de philosophe, et n'est plus à mes yeux qu'un visionnaire; celui qui donne au genre humain ses visions pour des certitudes, dans le dessein de subjuguer la pensée, est un imposteur. Cela exposé, entrons en critique sage, dans l'examen des systêmes philosophiques et religieux qui ont été connus sur la terre.

Tous les siècles et toutes les nations civilisées ont fourni de grands philosophes, et j'aime à croire que Oânes, Brama, le premier des Zoroastres, Thaut ou Mercure-Trismegiste, Lucien, Bacchus, Confutzé ont été les pères d'une vraie philosophie, dans les pays qu'ils ont éclairés et illustrés, qui conservent encore le souvenir des services importans qu'ils y ont rendus soit aux lettres, soit aux arts, soit à la morale.

L'esprit humain parcourt d'abord toute la carrière de la vérité, avant de s'élancer au-delà, et le cœur humain s'ouvre à la franchise, avant de se prêter à la dissimulation, à la friponnerie; d'ailleurs on observe que la philosophie ne s'est corrompue qu'à mesure qu'elle s'est formée en écoles de sectes: entrons-y pour remonter à la source de nos erreurs!

D'abord, nous devons aux philosophes chaldéens les premières notions astronomiques; et quand, en lisant leurs systêmes sur les corps célestes, on compare l'exactitude, la profondeur de leurs observations, avec la simplicité de leur vie toute pastorale, on est étonné de la justesse de la plupart de leurs découvertes, et de la sagacité avec laquelle ils les ont mises en systêmes.

Dirigés par leurs sages, ils adoroient dans l'architecture céleste, dans les cercles de la sphère, l'Intelligence qui en avoit conçu le plan, le grand Géomètre en qui se résout ce problême; mais, dès qu'ils eurent établi différentes écoles, leurs docteurs subalternes les précipitèrent dans toutes les rêveries du sabisme, qui fut long-tems la religion de presque tout l'orient, et l'est encore d'une partie de l'Inde.

Ces charlatans fécondèrent le Dieu des sphères et lui firent engendrer autant de dieux secondaires mâles et femelles que leurs pères avoient observé et compté d'étoiles dans les cieux, pour présider à leur influence ridicule sur les hommes; source nébuleuse de l'astrologie judiciaire qui n'est sortie que d'hier de la tête de nos pères, ainsi que la magie du nombre sept.

Ajoutez à cette absurdité le dogme insoutenable de l'ame universelle, de laquelle toutes les ames individuelles sont émanées et à laquelle elles se réunissent, après avoir passé par toutes les métempsycoses les plus abrutissantes; et vous aurez une idée de leurs systêmes religieux.

Un Dieu dont la substance s'unit à toute espèce de créatures brutes ou raisonnables, qui délire, déraisonne, blasphême avec elles, se vautre dans tous les genres de corruptions, médite et exécute les crimes les plus atroces, les plus injustes qui dégradent ou détruisent son ouvrage, peut-il être le Dieu que nous annoncent l'ordre et la raison !

Ces imposteurs leur firent une histoire qui leur donnoit une origine céleste, la plus impertinente, dans une antiquité la plus invraisemblable. Le peuple par-tout ami du merveilleux, de l'extraordinaire, fut complettement dupe de ses docteurs, comme il l'est toujours ; tandis que le très-petit nombre de sages eurent seuls la clef de ses rêveries. Un tel systême se refute assez, il péche contre toutes les règles que nous avons données.

Les philosophes Egyptiens, à qui les historiens grecs accordent l'antiquité sur les précédens, furent long-tems les hommes les plus sages et les plus savans de la terre : c'est chez eux qu'on alloit puiser les plus belles connoissances et spécialement étudier la morale et l'histoire du monde. Ils portèrent leurs observations astronomiques à un plus haut degré de perfection que les Chaldéens, et en laissèrent des monumens qui durent encore ; des philosophes qui étudient la nature dans les cieux doivent avoir une doctrine et une morale toute céleste ; aussi furent-ils long-tems les adorateurs du vrai Dieu sous le nom de *Knef*.

Mais, dès qu'ils eurent, comme les précédens, des collèges de docteurs de la seconde main, ils devinrent mystérieux et ne présentèrent plus au peuple que des pauvretés ou des emblêmes ridicules que le peuple réalise toujours. Et, tandis qu'ils donnoient la clef des cieux à leurs sages dans les mystères d'*Isis*, ils donnoient au peuple qui en étoit soigneusement exclu, la religion la plus terrestre qui ait jamais été imaginée; ils présentoient à son adoration matérielle, les animaux les plus immondes et les plantes les plus communes, sans se donner la peine de leur expliquer au moins ces emblêmes de la bonté divine dans l'agriculture et la fécondité extrême des terres que le Nil arrose.

D'ailleurs, ils professoient eux-mêmes le dogme de l'ame universelle et celui de la métempsicose que nous venons de réfuter; comme si l'intelligence immense, qui préside à toute la nature, pouvoit être la même que l'intelligence bornée qui préside souvent si mal à la conduite de l'homme; comme si celle-ci, pour justifier la justice de l'autre, n'auroit pas dû avoir la conscience des différentes métempsicoses qu'elle auroit éprouvées en punition ou en récompense de l'usage qu'elle avoit fait de sa liberté ; et on sait que Pythagore, auteur de cette doctrine, est le seul fripon qui ait eu l'insolence de soutenir qu'il se souvenoit d'avoir passé dans différens corps. Quelle religion ! quelle philosophie !

On doit aux philosophes de l'Inde, les plus belles maximes en morale, en gouvernement ; le collège des Brames, à Banaret, comptoit parmi ses savans, les penseurs les plus profonds, les plus sages observateurs de la nature et de l'esprit humain : on alloit étudier leur philosophie de toutes les parties de la terre, à mesure qu'elles se civilisoient.

Leur Chasta renouvellé dans le Hanscrit et le Veda, est encore aujourd'hui la preuve de leur antique célébrité en philosophie et en religion : un philosophe Anglais (nation aussi avide des connoissances étrangères que les Grecs) s'est transporté chez les Brames, s'est fait Brame, et a vécu patiemment avec eux, jusqu'à ce qu'il eût pû copier ce livre secret qu'ils ne communiquent à personne. Cette copie du Veda que nous devons au zèle prodigieux de ce savant, pour l'avancement des connoissances, nous découvre les traces d'une antique sagesse défigurée par des systêmes postérieures, aussi insoutenables que ceux que nous venons d'examiner chez les Égyptiens; systêmes qui ont pour bases toutes les rêveries du sabisme, les inconséquences de la métempsicose et les incarnations réitérées et ridicules du Dieu *Visnou.*

Les Phéniciens qui cultivèrent les beaux arts et le commerce, avant qu'on s'en doutât dans les pays que nous regardons comme les plus anciennement civilisés, eurent sans doute long-tems avant, des philosophes qui avoient étudié la nature et les astres, pour diriger leur navigation; il ne nous en est resté que le nom de Jérombal, prêtre du temple d'*Iaho* ou du Dieu suprême, et c'est à Sanchoniaton, autre philosophe et historien de cette nation, à qui nous sommes redevables de cette anecdote importante à l'histoire du genre humain, puisqu'elle nous prouve l'existence d'un culte et l'adoration du vrai Dieu dans cette haute antiquité.

Mais, dès le tems de Cécrops, autre philosophe de Phénicie, bien postérieur, qui établit la première Colonie de sa nation en Grèce, la simplicité de ce culte primitif étoit déja déjà surchargée d'une cosmogonie insoutenable, qui enfanta la fable que les Grecs adoptèrent ; d'ailleurs les dogmes du sabisme y avoient pénétré par l'Égypte et l'Éthiopie.

Les philosophes Perses ou Parsis nous ont laissé, dans les livres attribués aux Zoroastres, des monumens précieux de leurs connoissances en morale, en physique spécialement sur la nature du feu. Mais trop remplis de ce feu, ils nous ont donné sur l'origine des choses, sur la nature de Dieu et de l'ame, des systêmes brûlans qui n'ont ni bases ni foyer.

Le premier Zoroastre, car on prétend qu'ils furent plusieurs philosophes de ce nom ; le premier Zoroastre fut celui qui donna le premier et le plus ancien emblême de la Divinité, et certainement le symbole sous lequel il nous le représente est le plus sublime, le plus explicatif de sa nature divine, que les hommes ayent jamais inventé.

Ce symbole est le *feu principe*, qui existe sensiblement par-tout, qui laisse par-tout des traces brillantes de ses propriétés ou qualités, qui embrasse et pénétre tout, qui féconde, produit, vivifie et entretient tout, dont l'essence est inconnue et qui n'est visible que dans ses opérations.

Si on en fut resté-là, c'étoit sans doute l'image la plus belle d'une Divinité cachée, féconde, bienfaisante et présente à tout. Mais le second Zoroastre, pour rapprocher cet emblême des sens grossiers du peuple, lui fit adorer Dieu dans l'image radieuse et inposante du soleil père du jour et de la nature animée : le peuple qui matérialise avec lui tout ce qu'on présente à son esprit, s'arrêta à l'emblême et adora cé globe matériel, cet amas énorme de matière inflammable, pour Dieu lui-même.

Un troisième Zoroastre, ou peut-être le même, pour détourner le peuple de cette première idolâtrie, imagina de faire allumer dans le temple aux rayons de ce soleil un feu perpétuel, entretenu par des prêtres qu'il établit à cet effet ; et ce feu fut encore pris et adoré pour la Divinité même. Bientôt encore la simplicité de cette première doctrine fut surchargée des deux principes *Oromase* et *Arimane* et d'un tas de rêveries contenues dans les livres des Guebres encore existans : ces livres furent déposés à la bibliothèque du roi ; M. *Oterer* qui en avoit entrepris la traduction, ne put en soutenir les contes absurdes ; il les laissa dans leur langue barbare, et se contenta de nous donner quelques extraits de ce qu'il y avoit de plus raisonnable. Voilà tout ce qui nous reste du magisme ou de la religion des mages, si célèbre dans l'antiquité.

Les Arabes commencèrent comme tous les peuples, par la simple vérité ; ils adorèrent le Dieu de la nature sous le nom d'Allah ; mais ils mêlèrent bientôt à cette pureté primitive, les rêveries du sabisme et celles de la fable ; ils adorèrent les étoiles, ensuite Vénus, Uranie, Bacchus, etc.

Les Celtes, les Germains, les Toscans, les Carthaginois, et les Gaulois nos ancêtres, ont fourni peu de philosophes et beaucoup de charlatans, qui finirent par dominer les hommes au nom de Divinités terribles et atroces, parce qu'ils les faisoient dévorer, leur offrant des victimes humaines expirantes au milieu des tourmens les plus froidement réfléchis ; les perfides ! pour tirer de leurs mouvemens convulsifs et de leurs entrailles palpitantes, des augures qui entretînssent leur crédit sur le peuple.

Nos Bracmanes, nos Druïdes qui nous

avoient insensiblement éloignés de la simplicité de notre premier culte au vrai Dieu, sous le nom de *Tentates*, pour nous égorger religieusement au diable, n'étoient pas faits pour adoucir l'âpreté naturelle de nos mœurs; nous étions à cette époque, ce que nous sommes en révolution, des barbares par caractère, qui ont besoin d'une législation, aussi raisonnable que ferme, pour enchaîner nos caprices et notre barbarie, et d'une religion aussi pure qu'imposante qui nous prêche la douceur. Hélas! il ne nous reste que la férocité de nos ancêtres et plus d'institutions.

Les Chinois furent de toutes les nations, la plus constante en religion et par suite en mœurs et en gouvernement; elle est encore, au moins pour ses lettres ou ses sages, ce qu'elle fut sous *Fohi*, telle que Confutzé l'a écrite, aussi pure pour sa morale, aussi simple en dogme.

Mais, *Foo* ayant dans des tems postérieurs, formé des collèges de Bonzes et des couvens de Talapoins, l'idolâtrie la plus grossière a été présentée au peuple qui l'a saisie avec son avidité ordinaire pour le nouveau et le merveilleux; et dès lors, il fut pris à l'hameçon de ces charlatans, qui le mènent depuis ce tems par les dogmes et les contorsions les plus dégoûtantes. Ils l'étonnent pendant quelque-tems par l'exercice de la pénitence la plus déchirante et la plus révoltante, pour finir ensuite leur carrière dans la liberté la plus cinique et les débauches les plus sales ; il faut que la domination des consciences ait un furieux attrait pour l'acheter à ce prix !

Les philosophes Grecs, qui ont créé le plus beau siècle des connoissances humaines, qui ont annobli, aggrandi la nature de l'homme, qui ont enrichi le monde savant des plus belles découvertes, et le monde moral de la sagesse la plus consommée ; les philosophes Grecs ont édifié sur les bases de la philosophie des anciens : ces beaux génies furent la dupe de leurs systêmes sur l'origine et la fin inconnue de toute chose, sur la nature de Dieu et de l'ame, sur cette ame universelle si insoutenable ; et avec les plus heureuses dispositions pour être des originaux, ils n'ont été que de brillans copistes, et ont encore grossi le volume des visions humaines.

Dès qu'ils eurent des écoles dogmatiques

et leurs docteurs, les dieux de la fable, qu'ils avoient reçus des Phéniciens, comme emblême des opérations divines du grand Etre, devinrent des dieux réels pour la populace; forts de sa superstition, ces docteurs forcèrent les philosophes mêmes au silence, et les *Anitus*, les *Melitus* préparent la ciguë pour ceux qui oseroient parler en faveur de la vérité primitive, et révéler au peuple leurs turpitudes.

Thalès, Phérécide, Pythagore adoptèrent la philosophie des Égyptiens et des Perses, et ont ajouté des systêmes à des systêmes sur l'origine du monde, sorti de l'eau selon les uns, du feu selon les autres; et parmi tant de systêmes, celui de la métempsicose obtint une vogue et une célébrité incroyables.

Entre tous ces philosophes, on distingue éminemment le *théiste Socrate* qui fut, à juste titre, déclaré par l'oracle de Delphe, *le plus sage des Grecs*; aussi fut-il le moins systématique des philosophes. Sa réponse pour éteindre l'envie que cet oracle avoit réveillée dans le cœur des demi-philosophes qui l'en railloient, est pleine de sagesse et de vérité: « Lorsque l'oracle, dit-il, m'a déclaré le plus » sage, il n'a pas entendu reconnoître en moi

» le génie d'un Dieu ; mais il a voulu dire
» simplement que j'étois devenu assez sage,
» assez instruit, pour savoir que je ne sa-
» vois rien. »

Voilà, en effet, le vrai terme où aboutissent la sagesse et la philosophie, lorsqu'après avoir examiné le peu que l'esprit humain peut approfondir, on est parvenu à la grande question de l'origine et de la manière d'être de chaque chose, la lumière s'éteint, toute la nature est muette, et ces questions piquantes vont se perdre dans un silence désespérant : c'est-là le *nec plus ultrà* de l'esprit humain, il a découvert cet abîme du vuide, et voilà toute sa science ; il ne tente point de le passer, et voilà toute sa sagesse ; c'est-là que le philosophe sent qu'il n'est qu'un homme. Depuis que le monde existe et des philosophes avec lui, tous ceux qui ont voulu forcer ce passage se sont perdus dans un océan de chimères.

Socrate, dans un siècle de superstitions insoutenables, a donné à ses disciples, ses idées saines sur la Divinité et sur l'immortalité de l'ame, parce qu'il leur devoit la vérité ; mais il ne leur dit sur cette grande question, que ce que l'analogie la plus concluante

P 4

lui permettoit d'oser affirmer sur des objets dont l'existence et les opérations lui étoient connues.

On sait ce que lui valût la pureté de cette doctrine de la part des chefs de la religion dominante ; mais on sait aussi qu'il n'avoit point tenté de la détruire, qu'il n'avoit enseigné que dans le secret de son école où des traitres s'étoient glissés pour le surprendre ; on sait que Socrate mourant, après avoir professé cette sublime et consolante doctrine en présence de quelques amis, ordonna qu'on sacrifiât un coq à Esculape.

Ce dernier trait de sagesse, qui fut regardé comme une foiblesse par la foule des prétendus philosophes, peint le théiste initié aux mystères de la religion de son pays, qui veut mourir sans la troubler, après l'avoir éclairée, et laisser cette leçon importante de sagesse à tous les philosophes. Socrate savoit ce que valoit cette offrande, il n'ignoroit pas qu'Esculape devenu dieu, n'avoit été qu'un grand homme dans l'art de guérir, dont on honoroit les talens, dont on reconnoissoit les services qu'il avoit rendus au genre humain, et dont on célébroit les heureuses découvertes en ce genre.

Si le peuple avoit divinisé tout cela à l'instigation de ses docteurs, qu'importoit à Socrate! il vouloit éclairer, mais il ne vouloit pas pour cela brûler le temple de la religion de son pays.

La sagesse de cette conduite fut confirmée par celle de Jésus-Christ, la sagesse incarnée, qui est venu substituer une loi éternelle à celle de Moïse: il l'observa lui-même jusqu'au dernier moment, et ne présenta sa doctrine nouvelle, que comme l'accomplissement de l'ancienne «qu'il venoit, disoit-il, « remplir et non dissoudre. »

C'est ainsi qu'on réforme en religion, où il est si dangereux de faire tomber l'opinion; quand l'esprit du peuple n'est pas mûr pour la vérité pure et sans voile, on remonte à la primitive, sous les rits et toute la forme extérieure de celle qui lui a été substituée. Je prie le lecteur de se souvenir de tout ceci, pour porter avec moi cette critique dans l'examen de l'établissement de la religion chrétienne, lorsque nous en traiterons.

Certainement la simplicité et la pureté de la philosophie de Socrate, mises en comparaison avec l'absurdité où étoit tombée la religion de son pays, depuis que les prêtres ne donnoient plus aux sages la clef des mystères, écrasent ses ennemis, et couvrent *Anitus* d'autant d'ignominie, que la mort injuste à laquelle il fit condamner ce philosophe, a rendu sa mémoire chère et vénérable à toute la postérité. Mais, si-tôt la mort de ce grand homme, sa philosophie passée de ses disciples aux écoles de l'académie fut altérée et surchargée de principes scholastiques aussi divers que les sentimens des docteurs qui l'enseignèrent avec leurs systêmes sans vraisemblance.

Platon, le plus célèbre de ses disciples, fut celui qui s'éloigna le plus de la simplicité de sa doctrine sur la Divinité ; il a voulu passer son maître et toucher lui-même à la nature divine, et il ne nous a donné que des rêves métaphysiques, des énigmes qui obscurcissent encore ce problême sans réponse.

Mais, ne s'éloignant point de la morale de Socrate, il fut après lui un des sages les plus célèbres de ce pays fortuné, si fécond en grands hommes. Il voyagea beaucoup pour découvrir la vérité, et les fragmens qui nous restent de ses ouvrages nous lèvent un petit coin du voile de la première antiquité, ce qui nous fait bien regretter la perte que l'histoire a faite avec celle du reste de ses écrits. Ce qu'il nous dit avoir appris des prêtres Égyptiens sur les peuples de l'Atlantide, qui apportèrent les arts et la vérité en Égypte, est très-piquant et fait de notre histoire ancienne, l'histoire d'hier.

Aristote fut aussi un grand homme, un beau génie; mais ses idées, qui ont été si long-tems les nôtres, même par arrêt du parlement, sont d'une obscurité, et son langage scientifique d'une pédanterie, qui ont jetté sur nos sciences un vernis empesé, d'une roideur dont elles se sentent encore. Mêmes paradoxes sur l'origine des choses, sur l'ame et la divinité des anciens.

Zénon fut le chef de la secte austère des Stoïciens, il jetta sur la morale le diffu, le roide, qu'Aristote a versé sur les sciences exactes. Il semble que la douleur est l'ame de sa philosophie, et la privation sa jouissance. Dompter les sens jusqu'à les détruire, voilà le moyen de sa morale; il est néanmoins sorti de son école de très-grands hommes, et cela devoit être; car la force, le ressort de l'ame pour braver les douleurs et l'adversité, suppose une trempe avantageuse à tous les talens, à toutes les vertus.

C'est sur les pas de ce philosophe que se

sont traînés tous les novateurs en religion ; ils s'en rapprochent par la sévérité de leur doctrine, mais qu'ils s'en éloignent lorsqu'il s'agit de la pratiquer ! On ne voit presque plus que des tartufes professer à son école ; je dis *presque*, parce qu'il y aura toujours des ames fortes et franches en philosophie comme en religion, qui vaudront bien Zénon.

Je ne parle point des Ciniques, je laisse Diogêne étaler son orgueil dans ce tonneau que je renverse sur sa dégoûtante philosophie.

Les Romains établirent moins d'écoles de philosophie que les Grecs, et fournirent plus de philosophes dans la société. Rien n'étoit si grand que leur caractère ; ils furent longtems l'exemple de l'univers pour la vertu, qui prenoit chez eux une teinte romaine que rien ne remplaçoit ailleurs.

Ils prirent leur religion des Grecs, et ajoutèrent encore à leurs Divinités innombrables tous les Dieux des peuples vaincus. On ne voit aucun tems, depuis Numa qui leur donna un code religieux, où le peuple ait été admis et initié aux mystères ; cette prérogative fut toujours celle des sages et des savans ; ils en furent punis comme tous les politiques qui ont établi cet usage ; le peuple finit par dominer en religion et force les sages à se traîner avec lui dans la fange du temple sous la verge du fripon qui l'illumine.

Néanmoins quand ce peuple, le visage dans la boue, adoroit son dieu *Stercoraire*, les adeptes admis aux mystères adoroient l'Être suprême dans Jupiter, son éternité dans Saturne, son empire dans Rhée, qui n'étoit autre chose que la nature personnifiée, sa sagesse dans Minerve, son immensité et sa présence dans Iris, sa fécondité dans Vénus, sa justice dans Pluton, sa providence dans les Pénates, ses productions dans Flore, Vertumne, Pomone, Pan, etc. C'étoit-là la religion des Cicéron, des Lélius, Furius, Caton, Sénèque, etc. unie aux principes philosophiques des maîtres qu'ils avoient suivis.

Mais, à la chûte de l'Empire, le luxe, la molesse, les richesses amoncelées de l'univers avoient énervé et corrompu les mœurs romaines, au point que la religion et la vertu étoient devenues, comme chez nous, un sujet de raillerie et de mépris, qui donnoit l'exclusion de ce qu'on appelloit à Rome, comme à Paris, la bonne compagnie.

Les philosophes s'étoient jettés, comme en France, sur toutes les institutions sociales, avec la massue de la plaisanterie pour démolir. On n'avoit plus de religion, on n'avoit que de la philosophie systématique, à l'époque où le Christianisme fut assez nombreux pour faire quelques sensations dans Rome.

C'étoit, comme chez nous, dans le siècle qui suivit celui des belles-lettres, des grands hommes et des grandes choses. On avoit tant ri des dieux ridicules du peuple, qu'il n'en vouloit plus lui-même : mais ce que les Romains firent de mieux que nous, c'est que, la religion du pays étant devenue insoutenable, ils ne se précipitèrent point comme nous dans le vuide désespérant et impolitique de l'athéisme, ils cherchèrent la meilleure religion connue ; et ce qui annonce leur bon esprit, c'est qu'ils ne dédaignèrent pas de la prendre d'une nation qu'ils méprisoient, tant ils savoient distinguer l'or de son alliage.

Fatigués de la pluralité toujours croissante de leurs dieux, de la surcharge de leurs emblêmes religieux, devenus dieux jusque dans les endroits les plus immondes, indignés de l'apothéose impertinent de tant d'empereurs et d'impératrices, qui n'ayant pas même de mœurs d'hommes, avoient des temples, un culte et des prêtres comme des dieux; ils embrassèrent avec l'avidité du besoin, pressés par le sentiment de la décence et de l'honnête, une religion toute spirituelle, toute charité qui ne prêchoit qu'amour et union des hommes aux pieds des autels du vrai Dieu, et qui le prêchoit aux grands comme aux petits, annonçant sa justice aux uns comme aux autres; qui présentoit à tous une morale pure, dégagée de sens, estimable, attrayante quoique sévère, appuyée sur l'exemple du chef, et offrant sur-tout, avec la science de la croix, les motifs les plus forts de patience, les plus doux de consolation, dans les peines ordinaires et dans les derniers malheurs.

Une telle religion étoit faite pour être reçue avec empressement par un peuple éclairé, désabusé et dégoûté de la sienne. Cependant elle fut encore long-tems foible, cachée et persécutée par l'intérêt de ce nombre infini de prêtres qui vivoient de tant de cultes. Le souverain pontificat et les premières dignités de la religion étoient des premières charges de l'empire, qui couvroient d'or et de respect ceux qui en étoient revêtus ; il n'est pas étonnant que cet obstacle arrêtât encore long-tems les progrès du christianisme.

Les souterrains et les lieux les plus cachés furent le berceau de l'Église naissante à Rome ; c'est là que l'adversité, la contrariété, les privations formoient aux vertus les plus rares ses premiers prédicateurs et ses premiers sectateurs ; c'est-là que quelques philosophes, surtout de la secte des stoïciens, des platoniciens et des électiques (1), allèrent étudier ses principes et tâchèrent de les marier à leur philosophie ; ils l'embrassèrent et furent même du nombre de ceux qut la prêchèrent.

L'apôtre S. Paul, qui vint à Rome l'an 61 y apporter la foi, et qui en fut martyr en 66, étoit élève de *Gamaliël*, savant docteur, philosophe et disciple secret de Jésus-Christ ; il dut être dans les principes de son maître. On connoît son influence sur le collège apostolique.

---

(1) L'électisme étoit la quintessence de tous les genres de philosophie ; un choix des meilleurs principes, ainsi que son nom l'exprime au dire de ses sectateurs ; ils crurent retrouver ce système dans le christianisme.

S.

S. Justin, d'abord philosophe stoïcien, ensuite péripatéticien, pythagoricien et platonicien, embrassa le christianisme, fut philosophe chrétien et mourut martyr, l'an 165 de Jésus-Christ.

Tatien, gentil de religion, sophiste de profession, fut disciple et imitateur de S. Justin; mais, mêlant à son christianisme la philosophie orientale et égyptienne, il fit l'hérésie des encratites, et fut rejetté de l'Église comme hérétique.

Théophile d'Antioche embrassa aussi le christianisme auquel il sut allier son platonisme.

Athénagore fut aussi chrétien et platonicien.

Hermias et Irénée furent aussi philosophes et chrétiens.

Tertulien, ce bouillant africain, vint à à Rome en 216, embrassa le christianisme avec chaleur et le quitta de même pour des opinions philosophiques.

Clément d'Alexandrie, élève de Pantaénus philosophe stoïcien, parut au deuxième siècle, et mêla de l'électisme au christianisme qu'il avoit embrassé.

Origène, en 211, embrassa la religion chrétienne, sans se défaire de ses principes philosophiques; aussi se jeta-t-il dans des erreurs qui l'en firent exclure. On sait jusqu'où il a porté son stoïcisme.

Enfin Anatolius, Arnobe, Lactance, Eusèbe, Dydime d'Alexandrie, Chalcidius, le célèbre Augustin, Synesius, qui tous étoient philosophes de différentes écoles, devinrent philosophes chrétiens et conservèrent beaucoup de principes de leur première profession.

Voilà les philosophes les plus célèbres qui embrassèrent le christianisme, l'illustrèrent, l'enseignèrent même jusqu'au règne de Constantin; plusieurs furent Pères de l'Église.

Une saine critique fera présumer que ces beaux génies introduits dans l'école chrétienne et y enseignant, dès son origine, dans les tems qu'elle étoit encore souterraine et persécutée, ont dû y avoir une grande influence et y introduire des principes de leurs écoles.

Ainsi l'Église chrétienne à Rome se grossissoit des débris des sectes philosophiques, depuis l'an 42 de Jésus-Christ, époque où l'on dit que S. Pierre l'y a introduite, jusque vers l'an 314, que Constantin consentit d'en être instruit par le pape Sylvestre, et avisa d'en faire la religion de l'empire, afin, disent quelques historiens politiques, d'avoir des partisans tous faits, déjà très-nombreux, à opposer à Licinius, son concurrent à l'empire, qui persécutoit l'Église.

Il y trouva d'autant moins d'obstacles, que, comme nous l'avons dit, les esprits dégoûtés d'une religion tombée de l'absurdité dans l'avilissement, sentoient la nécessité d'en avoir une autre qui n'eût pas les mêmes inconvéniens.

Aucune ne convenoit mieux à Rome qu'une religion spirituelle qui ne présentoit à ses théistes qu'un seul Dieu à adorer; à ses platoniciens, une Trinité divine, une ame simple et immortelle; à cette foule de philosophes qui tenoient au sabisme, la doctrine des bons et mauvais anges; à la philosophie des brames le baptême d'eau, l'eau lustrale, la médiation et l'incarnation du Verbe; à celle des Zoroastres, l'Esprit-Saint sous l'emblême du feu, le feu nouveau dans le temple au tems Paschal, l'image de la fin et du renouvellement de la grande année périodique des anciens, dans les cérémonies de la mort et de la résurrection de Jésus-christ, la célébration des saints mystères réservée au jour du soleil, dont le nom ne fut changé en celui de Dimanche que l'an 321, au concile d'Arles, et par un édit de l'empereur Constantin, du 3 Mars de la même année, la fin de cette grande année prédite avec toutes ses circonstances dans l'Évangile. Elle présentoit aux Pythagoriciens, aux Égyptiens, dans la résurrection des corps, le retour des ames à leurs anciennes formes; aux Stoïciens, la sévérité de sa morale et l'austérité de ses pénitences; aux Thérapeutes, ses solitaires, et sur-tout aux Electiques, un électuaire de toutes les philosophies épurées dans leurs dogmes; enfin au peuple Romain accoutumé à faire des dieux, elle ouvroit les diptiques de ses saints; elle substituoit à la foule des dieux et des idoles, des images à honorer, des reliques à vénérer; le culte de Dulie à la Sainte-Vierge remplaçoit celui de la bonne déesse si fort en crédit chez eux; un culte majestueux rendu au Dieu suprême, avec les habits pontificaux des anciens; un grand sacrifice sous le symbole de ses libations et dont on expliquoit la sublimité; tout enfin concouroit à rendre le passage du culte ancien au nouveau, des principes des philosophes anciens à la doctrine de l'Église, des usages consacrés par tant de siècles aux rits du christianisme, les moins tranchans, les moins étranges possibles.

Ce sont ici des observations purement historiques et philosophiques; à Dieu ne plaise que je prétende toucher à ce que la propagation de la foi présente de frappant par les difficultés qu'elle a vaincues! je suis bien loin de vouloir infirmer des preuves de Divinité dont je voudrois doubler la certitude, s'il étoit possible, en la rendant aussi palpable aux yeux de la raison, qu'elle est imposante aux yeux de la foi.

Mais, pour parler à des philosophes, je ne devois point prendre le langage mystique de l'école, contre lequel ils sont spécialement en garde. Une preuve de raison ajoutée à une preuve d'autorité, nuit-elle à la cause de la religion que nous voulons l'un et l'autre faire adopter à l'esprit humain? Ah! unissons nos forces, au lieu de les séparer, dans un tems où la massue des impies est levée pour frapper le dernier coup à la religion de nos pères! Ceci enfin ne s'adresse qu'à ceux qui sont dehors ou égarés; je n'ai rien à dire à ceux qui sont demeurés fidèles ou persuadés, sinon les en féliciter. Je ne fais point un traité de religion, je rappelle à l'ancienne, par leurs propres principes, ceux qui l'ont abandonnée. Je n'emploie, à la vérité, que la voix de la raison qu'ils entendent, et non celle de l'autorité qu'ils méconnoissent ; mais que le zèle sacerdotal ne s'alarme point, je laisse entre leurs mains le dépôt de la foi dans toute son intégrité. Lorsque j'aurai convaincu ces ouailles égarées du bercail, la fleur du troupeau de Jésus-Christ, ce sera à ceux qu'il a revêtus de son autorité à les confirmer dans leur foi : « *et tu conversus, confirma fratres tuos* ».

Voilà donc l'image changeante de tous les cultes de la terre, de toutes les religions, passée sur nos yeux jusqu'à l'époque de l'établissement du christianisme en religion nationale dans l'empire Romain. Il nous reste à examiner l'excellence du culte chrétien sur tous les cultes établis depuis cette époque jusqu'à nous, avec cette critique sage qui caractérise l'ami de la vérité.

CHAPITRE VII.

Recherches philosophiques sur l'excellence de la religion Chrétienne comparée à tous les systêmes religieux qui ont paru sur la terre.

Parmi toutes les religions du globe, anciennes et modernes, celle qui présente la doctrine et la morale la plus conforme aux principes du théisme ou de la raison, aux leçons de la nature, au sentiment reglémentaire du cœur et de la conscience, à la justesse du calcul de l'intérêt individuel et social bien éclairé ; qui présente un corps enseignant dont l'origine est la plus ancienne et la plus pure, l'autorité la mieux fondée ; un sacerdoce qui se perpétue depuis le fondateur de la religion jusqu'à nous, qui a conservé une unité de doctrine et dont les décisions ont toujours fixé à cette unité la variabilité de l'esprit humain ; ce corps de religion est sans doute celui qui présente le mode le plus parfait d'adoration et d'enseignement.

Et comme en religion, plus encore qu'en toute autre institution, on doit tendre à la plus haute perfection, pour se rapprocher du modèle infiniment parfait que l'on veut servir et adorer, le corps de religion qui nous présente éminemment cette perfection, mérite éminemment d'être préféré.

Lorsque je rétrograde sur tous les siècles pour examiner les cultes anciens, je suis douloureusement affecté des monstruosités que j'y rencontre; par-tout une origine pure, le doigt de la nature indiquant la vérité, et par-tout le doigt de l'homme qui l'efface pour y substituer des impostures; quand mes yeux mouillés se rabaissent sur les tems présens et que je regarde autour de moi, sans sortir de l'Europe, je vois que la plupart des religions n'y sont que d'hier, presque toutes des branches arrachées d'un tronc ancien; des associations éphémères qui, n'ayant plus de corps enseignant sans interruption depuis le fondateur de la religion-mère dont elles se sont séparées, ont été emportées à tout vent de doctrine et d'innovations sans caractère; telles sont les sectes chrétiennes :

il n'y a pas là de quoi sécher mes larmes et calmer mes inquiétudes.

Mais, ô consolation! j'y vois aussi ce tronc ancien toujours verd, d'où ces branches furent éclatées par des novateurs inconséquens; cet arbre toujours productif, qui conserve au milieu des révolutions religieuses et politiques, depuis dix-huit siècles, son attitude imposante, sa séve et ses fruits primitifs; tel enfin que son Auteur l'a hanté sur un tronc plus ancien encore, dont il a perfectionné l'âpre séve.

Cet arbre dont les racines touchent à la terre native, et les rameaux à la voûte des cieux, est visiblement l'Église catholique romaine, à l'ombre duquel, naguère, la France heureuse reposoit et florissoit; il mérite donc bien que des philosophes l'examinent par eux-mêmes, sans préjugés, sans se laisser arrêter par le ridicule peu philosophique dont de prétendus sages ont cru le charger, tandis qu'ils ne touchoient qu'à des abus, à des plantes parasites dont les tems l'avoient couvert, que leur souffle a desséchées, et que la révolution vient d'arracher, en tentant en vain d'extirper l'arbre lui-même.

Nous avons vu, dans le chapitre précédent, que la plupart des systêmes religieux, établis chez les anciens, et professés jusqu'au règne de Constantin, étoient déchus et ne pouvoient se soutenir devant une critique sage et philospohique.

Nous avons vu poindre la religion chrétienne à Rome, et se former lentement; d'abord sous des voûtes souterraines où se rendoient les philosophes qui l'adoptèrent, la prêchèrent, en furent les premiers docteurs et les pères; être ensuite près de trois cents ans à se former dans la persécution et dans des discussions scholastiques, avant de devenir la religion de l'empire; présentant aux philosophes un extrait purifié et le plus rapproché possible de la raison, de tous les systêmes philosophiques.

Ce qui prouve que la philosophie ne lui est point si étrangère qu'on voudroit bien le dire, et soit dit en passant, ce n'est pas la preuve la plus foible de la sublimité de sa doctrine émanée de la sagesse incarnée, philosophie de Dieu même!

Nous avons vu Jésus, ami secret des philosophes les plus sages de la synagogue; des *Gamaliel* maître de *St-Paul*, de *Nicodême*, etc.; ces observations doivent donner beaucoup plus à penser aux philosophes que je ne puis l'exprimer ici, et justifier le reproche que je leur ai fait dans cet ouvrage, d'avoir méconnu la main de cette divine philosophie dans cet édifice, et d'avoir cherché à le démolir pour des superstitions populaires, faute d'en avoir pénétré l'esprit. Ah! n'est-ce pas là le sort de toutes les institutions? et la philosophie est-elle donc dans les choses humaines une hache de destruction, ou une lumière de restauration? Sont-ils donc des philosophes, ceux qui voyent comme le peuple et détruisent comme le sauvage l'arbre qui porte d'excellens fruits, à cause de quelques mousses étrangères, dont on pouvoit l'émonder? *Odiram vulgus.*

Reprenons maintenant les choses de plus haut, et voyons ce qu'étoit devenue la plus antique religion de la terre, au moment où Jésus-Christ a paru.

Les Juifs qui reportoient leur religion traditionnelle ou non écrite jusqu'à l'origine du monde, et leur loi écrite au tems de Moyse qui vivoit l'an du monde 2513, avant Jésus-Christ 1491. Les juifs ne sont plus ni en corps de nation, ni en corps de religion; leur sacerdoce est éteint avec la famille de Lévi, leur synagogue anéantie avec ses prêtres, leur nouveau Sanneddrin sans autorité comme sans mission, livré aux rêves des thalmudistes.

Nous n'avons point compris cette religion dans l'examen que nous avons fait des cultes anciens, parce qu'elle en a toujours été séparée; elle étoit, on le sait, plus exclusive que propagante, étoit-ce afin de nous conserver l'histoire de la vérité première, sans mêlange? En tous cas, ce qu'il y a de frappant, c'est qu'elle figure au milieu de la variabilité de tous les systêmes religieux, comme la colonne d'airain où cette vérité est gravée pour tous les siècles, comme la seule échelle qui appuye de la terre aux cieux, par laquelle nous puissions remonter de la religion de Jésus-Christ à la religion de nos premiers pères.

C'est par elle que nous savons que les premiers hommes étoient des *théistes* qui ont vécu long-tems sous la loi de nature, adorant un Dieu sans image, créateur et conservateur de toute chose; le dogme de la création que nous tenons d'eux, est encore aux yeux du vrai philosophe ce qui a paru de plus raisonnable sur les systêmes du monde que nous venons d'examiner, et sur l'origine des choses : comparez-y les atômes éternels, leur accrochement fortuit en tout ce que nous voyons, y compris notre pensée, les êtres sortant de l'eau selon les uns, du feu selon les autres, un Dieu multiple autant que ses opérations, ou l'ame universelle opérant le crime et la vertu, etc. et que votre bon sens décide! Notez toujours qu'il s'agit ici d'un système public de religion, et non de la philosophie individuelle!

Moïse donne, au nom de Dieu, au peuple Juif, des loix, des dogmes, un culte conforme à son caractère ; ce n'est heureusement pas le nôtre ; ainsi nous nous dispenserons de discuter un code religieux et civil qui n'a pas été fait pour nous ; cette discussion appartient au théologien, pour réduire en preuve dogmatique, la preuve purement philosophique que nous donnons ici de l'excellence de notre religion.

Mais nous observerons que ce code d'une prodigieuse antiquité fut le cahier où Jésus-Christ a puisé le fonds de sa doctrine et prit les titres de sa mission ; que c'est de cette source inaltérable, soigneusement conservée pure par un peuple qui existe encore, que découlent dans le christianisme la doctrine primitive des hommes, et les dogmes les plus raisonnables sur les grands mystères de la nature ; nous observerons encore, que, malgré l'horrible penchant de ce peuple charnel pour l'idolâtrie, sa religion fut la seule qui s'en soit entièrement préservée, depuis les premières années du monde jusqu'à nos jours.

Un seul Dieu sans emblême, caché dans la nature et annoncé par elle, un premier être éternel, bon, juste, créateur et proviseur du monde, est le seul Dieu qu'adora le premier homme, Noé, Abraham, Jacob et les douze tributs dont ses enfans furent les patriarches, le seul que Moïse présente à Israël, et que les juifs modernes et les chrétiens adorent encore en ce moment où j'écris ce point frappant de l'histoire de notre religion. Qu'importe au philosophe les emblêmes sous lesquels tout ceci a été présenté au peuple ! En voilà la clef ! et tandis que la foule et le vulgaire des philosophes s'arrêtent à la porte du temple, les uns pour détourner le sens de ces emblêmes ; les autres, pour prendre ce sens en considération et le critiquer; le sage y entre et vient y adorer cette vérité étonnante qui brille à ses yeux.

Lorsque Jésus-Christ, fondateur de la religion que j'examine, parut, ces dogmes étoient encore plus intacts que jamais; mais la synagogue étoit tombée de corruption, ainsi que toutes les religions de la terre connue, comme nous l'avons observé. C'étoit sous le siècle d'Auguste, le plus beau siècle des lumières depuis la chûte des Grecs, et peut-être le plus absurde en religion.

Ouvrons l'écriture! nous verrons que c'étoit à la maison de Juda qu'étoit attachée, selon Moïse, la durée de la religion et même du gouvernement chez les juifs; que c'étoit de cette famille que devoit sortir un Rédempteur, un nouveau Législateur, et que c'étoit à la maison de Lévi qu'appartenoit exclusivement le sacerdoce.

Hé bien, le sceptre d'Israël n'étoit plus dans la maison de Juda, ni le sacerdoce dans celle de Lévi, à l'époque de la naissance du Christ; les tribus étoient partie confondues, partie déchirées en sectes ennemies, séparées de doctrine et de culte; il n'y avoit plus qu'un simulacre d'église sous le nom de synagogue; une foule de docteurs sans mission, de disputeurs sans unité, de chefs de sectes sans autorité, s'étoient emparés de la chaire enseignante de Moïse et des enfans d'Aaron, où chacun professoit sa philosophie, les systêmes et les rêveries de sa secte.

Ce qui est étonnant, c'est qu'au milieu de ce conflit épouvantable, le fonds de la doctrine étoit toujours respecté; jamais même les juifs ne furent si partisans de la spiritualité, jamais ils ne furent si sévères en morale; et c'est en portant leur métaphysique et leur morale à l'extrême, que les Esseniens en vinrent jusqu'à rejetter une spiritualité qu'ils ne comprenoient plus; et les Thérapeutes jusqu'à détruire la nature, et désorganiser les sens à force d'austérités et de privations.

L'esprit philosophique du siècle d'Auguste avoit pénétré jusqu'en Judée, et chaque philosophe voulant être chef de secte faisoit une doctrine. La religion qui jusque là avoit conservé son unité, souffrit étonnemment de toutes ces innovations, la doctrine restoit, mais l'esprit religieux tomboit en Palestine comme à Rome, sous les coups que lui portoit

toit cette philosophie moqueuse, pétulante et rapace, dont tout demi-savant se croyoit disciple, et dont chacun professoit un lambeau à sa manière.

Outre les philosophes à la romaine qu'eut la Judée, tels que Philon et Josephe; outre ses théistes, tels que Gamaliel, son élève, Saul ou Paule, Nicodême, etc.; les Saducéens, les Caraïtes, les Esséniens, les Thérapeutes, et sur-tout les Pharisiens se disputoient la chaire doctrinaire, l'autorité, la vogue et spécialement la confiance aveugle de la populace qui mène à tout; aussi c'étoit à qui enchériroit sur la doctrine et la morale.

Il arriva dans ce malheureux pays ce qui arrive par-tout, que le peuple donna le tort à la vérité, à la vertu vraie, et toute sa confiance et son crédit à l'hypocrisie; alors les pharisiens triomphèrent; il ne fut plus permis qu'à eux de penser, d'enseigner, d'écrire; ils achevèrent d'écraser, comme font partout les caffards, la raison et la religion, sous un tas de minuties, de pratiques superstitieuses, de petits préceptes inquiétans, de visions nouvelles, débitées avec une pédanterie mystérieuse, qui révoltent et aliènent les bons esprits, quoique forcés au silence par le crédit des fripons, sur la foule qu'ils électrisent à leur gré.

Voilà pour-tant, dans tous les siècles, la marche des tartufes de l'école ; nous l'avons remarqué chez les anciens ; les modernes l'éprouveront tant qu'on négligera l'éducation du peuple, et cela durera jusqu'à ce que, selon l'esprit de l'évangile, la morale et la politique ne soient plus qu'un ; je crains bien que cela ne soit jamais.

Ce fut néanmoins le beau projet du Sauveur des hommes ; car, selon l'expression de l'écriture, dans les deux testamens., il étoit venu pour les rappeler à tous les principes dont ils s'étoient écartés. Avant d'entrer en détail sur sa personne et sur sa mission, il est bon d'observer aux philosophes que je rappelle à sa doctrine, qu'il n'a rien écrit lui-même, et que les évangélistes qui ont recueilli quelques-unes de ses paroles, qui en ont reçu d'autres par la tradition de ceux qui l'avoient entendu, annoncent franchement que toutes n'étoient point consignées dans le livre qu'ils écrivoient.

D'où je conclus que les sophistes qui ont cherché à le mettre en contradiction avec lui-même, et avec tout ce qu'on a dit de lui pour le placer au nombre des imposteurs, tomboient eux-mêmes en contradiction avec le livre qu'ils citoient.

En effet, puisqu'il n'a rien écrit, il ne pouvoit être mis en contradiction avec lui-même; en second lieu s'il a dit beaucoup de choses qui ne sont point écrites et qui pourroient expliquer les contrariétés apparentes que ces sophistes ont cru trouver dans ses paroles écrites, la bonne foi, la justice et les règles du raisonnement, exigeoient au moins qu'ils suspendissent leur sentence d'imposture, contre un être irréprochable, qui n'a pas écrit un mot, et dont on n'a pas rapporté toutes les paroles!

D'ailleurs il ne peut être garant aux yeux du bon sens, des surcharges que l'enthousiasme pour ses vertus a fait faire à son portrait, du sens divers qu'on a pu donner à ses paroles mystérieuses, à ses paraboles, à ses allégories orientales, dans différentes écoles.

Mon objet est de démontrer que ses mystères qui nous ont été transmis par l'autorité de l'église, ne choquent point la raison réfléchie du philosophe autant qu'on a bien voulu le dire; d'après ces préliminaires nécessaires pour procéder avec ordre et justice, dans un examen de cette importance, reprenons !

Nous avons vu dans l'histoire du monde que tous avoient corrompu leur religion, que tous s'étoient perdus eux-mêmes dans des milliasses de systêmes, ou s'étoient laissés égarer par des milliers de faux docteurs.

Jésus-Christ brûlant de zèle pour l'accomplissement de ce qu'il appelle dans l'évangile l'œuvre de Dieu son père, pleure amèrement sur les égaremens du monde; et, consumé d'amour pour les hommes qu'il voit redevables à la justice divine, pour tant d'erreurs et de fautes, il conçoit le grand dessein de se dévouer pour tous les coupables, en publiant une doctrine nouvelle et salutaire qui alloit les éclairer, les changer, mais en même-tems provoquer contre lui les plus jaloux et les plus méchans des hommes; il veut que la vengeance céleste, attirée par la dépravation et la méchanceté des enfans de la terre, ne tombe que sur son innocence méritoire, que la miséricorde épargne les coupables et les ramène à récipiscence.

Plein de cette pensée surhumaine, ayant le sentiment de la pureté et de la sublimité du dessein qu'il vouloit accomplir, et de tout le prix qu'il pouvoit avoir devant la justice divine pour des coupables faillibles qu'il vouloit reconquérir à la vertu et fortifier par cet exemple, dans le bien, il s'offre comme médiateur à cette justice céleste, et lui présente ses mérites, son innocence, son amour, tout son sang, ses douleurs et le sacrifice de sa vie, pour acquitter la dette du genre humain.

La philosophie de nos jours n'a pu concevoir cette sublime philosophie, et l'a traitée de folie. Il n'est pas étonnant qu'une telle philosophie n'ait pu concevoir jusqu'où pouvoit aller un tel zèle pour la cause de Dieu, un tel amour pour le salut des hommes, surtout dans un cœur aussi aimant, dans une ame aussi sainte, dans le fondateur d'une religion si pure.

Jésus, pour remplir son plan, annonce le vrai Dieu à un monde idolâtre, publie une morale divine à des hommes corrompus, arrache le masque à des hypocrites, et déclare hautement: « que Dieu ne veut plus des of-
» frandes que lui présentent les prêtres cor-
» rupteurs de cet ancien culte parvenu à

» son terme qu'il vient rectifier par un nou-
» veau sans abolir, mais en accomplissant
» la loi ».

Il sait que c'est provoquer la colère de tous les ministres des faux dieux, en particulier la haîne de la synagogue, et la rage des pharisiens qui y étoient en crédit; il sait qu'après une telle déclaration, il faut mourir, il le sait, et se dévoue pour une si belle cause.

Après un dévouement si extraordinaire, dans un siècle où la vertu étoit si rare, dans un empire où de bien moindres actions conduisoient à l'apothéose, les hommes lui dressèrent des autels; ils jugerent qu'il falloit participer à la nature divine, pour aimer la nature humaine jusqu'à ce degré de sublimité en sentiment; qu'il falloit avoir assisté aux conseils de Dieu, pour donner un plan de réforme aussi sage, aussi convenable aux hommes : et en effet ce prodige d'amour et de sagesse est la preuve la plus sensible de la bonté, de l'éminence et de la divinité de la religion qu'il a prêchée dans son sang; et le dogme de l'incarnation du Logos de Platon, du verbe, de la sagesse de Dieu, est le seul trait qui en religion puisse nous peindre un tel amour, une telle sagesse, une telle œuvre, un tel médiateur.

Jésus né dans cette antique religion dont le berceau touchoit à la création, qui seule sur la terre avoit conservée intacte cette vérité primitive, prête en ce moment de s'effacer des annales du monde ; Jésus plein de son projet ouvre le texte de la loi, montre à ses contemporains qu'une loi nouvelle devoit la rectifier, qu'un Législateur nouveau, un libérateur étoit promis à Israël et à son refus à toute la terre, pour le moment où le sceptre cesseroit d'être dans la maison de Juda.

Il subjugue les esprits de la force de ses raisons, il les brûle de sa lumière, il les étonne par sa sagesse plus encore que par ses œuvres, il gagne les cœurs par son extrême douceur, il commande à la conscience par la beauté, la candeur et la pureté de sa morale, il en impose par la sainteté de sa vie, il achève de convaincre l'incrédulité en prouvant sa naissance de la maison de David et ses droits aux promesses de Jacob, faites à la famille de Juda, promesses rapportées par le Législateur même de sa nation ; il achève de prouver que le grand caractère du Messie promis lui convenoit, en confondant tous les docteurs, en dévoilant les hypocrites, en chassant les profanateurs du temple de Dieu son père ; il renouvelle la déclaration : « qu'il » n'étoit point venu pour abolir la loi et la » religion, mais la remplir, en la ramenant » par une loi nouvelle à la pureté de son es- » prit ; et il tînt parole ».

L'évangile est effectivement le complément le plus parfait de tout ce qui fut jamais publié en religion et en morale ; non-seulement dans la loi de Moïse, mais dans aucun des systêmes religieux adoptés par les nations.

Pour nous en convaincre, comparons la loi évangélique, non-seulement à la loi de Moïse, non-seulement aux systêmes religieux et philosophiques de tous les âges, de tous les pays, mais aux idées principes et saines du *théisme*, détaillées dans le chapitre précédent ; pour ne point y renvoyer en voici un précis :

Mystères Chrétiens sur la nature de Dieu et celle de l'Ame.

1°. Toute la nature révèle hautement l'existence du Dieu unique, que le théiste adore ; l'évangile publie l'adoration en esprit et en vérité, d'un seul Dieu, pur esprit.

2°. La nature a jetté un voile impénétrable sur l'essence divine ; l'impénétrabilité du mystère de la Trinité dans l'évangile, n'arrache pas ce voile, au contraire il le rend plus mystérieux, mais moins nud, en le couvrant de son ombre et en personnifiant avec Dieu son verbe et son esprit ; alors l'esprit du peuple que l'abstrait épouvante, s'attache à cette image fugitive qui ne se réalise sur rien de créé ; c'est ainsi que Platon avoit essayé de l'expliquer aux philosophes de son temps. Dailleurs la substance spirituelle, attribuée à Dieu dans l'évangile, ne fait point tomber son essence divine sous le sens, elle lui donne seulement un nom.

3°. La nature présente avec le plan de l'univers quelques esquisses de l'essence facultative de Dieu ou de ses opérations divines *ad extra*, qui offrent à l'adoration du théiste une intelligence éternelle, unique, puissante et sage, un être-principe, immense, juste, bon, aimant, aimable ; en un mot, infini en perfections.

Le chrétien adore le même Dieu, pur esprit, infiniment parfait, auteur, conservateur, législateur et juge de l'univers que lui présente l'évangile : le mot esprit équivaut ici à celui d'intelligence immortelle.

4°. La nature inspire un sentiment religieux dont le théiste est pénétré, le chrétien en est brûlé par la charité, mais c'est une flamme qui l'éclaire mieux que dans tout autre système ; ce sont des règles d'amour.

5°. La nature a laissé au caractère, à la liberté des peuples, le mode de leur culte ; le théiste est l'initié aux mystères que la sagesse du fondateur de la religion de son pays a cru devoir présenter au caractère de sa nation ; il sera le plus pur adorateur de cette religion si elle ne présente rien que de décent, d'innocent, sous des emblêmes qui ayent une signification utile et raisonnable.

Le culte Chrétien.

Le chrétien rend son culte par la prière et l'adoration, sous les emblêmes les plus décens et les plus significatifs ; les rits n'en sont qu'un mode innocent et expressif.

Le symbole que l'église emploie pour reconnoître le souverain domaine de Dieu sur l'homme, c'est le sacrifice de la messe ; ceci demande quelques explications.

Jésus-Christ avoit déclaré, ainsi que nous l'avons dit, « que le ciel ne vouloit plus des » sacrifices sanglans et impurs de la loi an- » cienne, présentés par des mains plus impures

« encore, mais qu'on alloit lui offrir une » victime sans tache dans tous les lieux où sa » religion seroit reçue. » Et c'étoit lui-même qui vouloit être l'hostie innocente de cette oblation, immolée et offerte par son immense charité ; hostie qui ne paroît sur nos autels que voilée sous les espèces eucharistiques. C'est le fondateur de la religion qui veut être le moyen d'adoration dans le culte qu'il établit, et qui s'est sacrifié le premier pour cela.

Le chrétien dans nos temples offre donc d'abord par les mains du prêtre le pain et le vin, symbole innocent de sa vie, représenté par ces alimens, qu'il reconnoît par cet acte de religion, tenir de la volonté de Dieu et dépendre de sa puissance.

Ensuite le prêtre en prononçant sur ce symbole, les paroles que Jésus-Christ a prononcées lui-même en l'instituant, et qu'il a chargé ses apôtres de transmettre à leurs successeurs dans ce ministère, avec le pouvoir de faire ce qu'il faisoit alors, jusqu'à la consommation des siècles; le prêtre, selon les intentions de Jésus-Christ, renouvelle sur nos autels, d'une manière non-sanglante, le sacrifice de la croix ; il offre au ciel l'hostie la plus pure et la plus méritante qui se soit jamais immolée pour une cause aussi intéressante. Et le chrétien enflammé d'amour, de reconnoissance, et pénétré de son néant, fait à Dieu l'acte d'adoration le plus signifiant par le moyen d'un tel médiateur.

Qu'a donc de repoussant pour l'esprit humain un tel acte d'adoration ? Celui même qui n'auroit pas reçu le don de la foi, ne verroit encore dans tout ceci, et dans tous les autres rits et mystères dont nous allons parler, que des emblêmes pleins de sens, utiles à la morale ; des dispositions sages de la part d'un fondateur de religion qui connoissoit profondément les hommes qu'il faut attacher à un mode invariable.

Donc, sous cet aspect nul étranger, nul sectaire, nul vrai philosophe, nul théiste, nul initié, ne devroient se trouver déplacés à un tel acte d'adoration dans le temple chrétien, en attendant une grace de persuasion qui les unît plus immédiatement au corps des fidèles, auquel ils tiennent déjà par l'innocence du cœur et la bonne foi de l'esprit.

Jettez un coup-d'œil de critique sur l'horrible et dégoutante boucherie du temple à

Jérusalem, et sur les victimes sanglantes affreusement dépecées devant les mille et une divinités du paganisme ! sur les cadavres de nos pères égorgés *à Tentates* ! voyez si jusque-là il existoit une religion sans sacrifice, et comparez celui que Jésus-Christ y a substitué pour épargner du sang.

6°. La nature ne répond point à nos questions sur le commencement et la fin de toutes choses, mais elle permet qu'on les lui fasse ; le théiste examine en critique le meilleur système qu'elle a permis aux hommes de présenter sur cette question.

Dogmes Chrétiens sur l'origine et la fin de toutes choses.

La loi évangélique fait taire toutes les questions indiscrètes sur ce grand mystère, frappe d'absurdité la plupart des systêmes qui ont été donnés par les philosophes sur ce problême intricable ; elle fixe l'esprit humain sur une époque, et en annonçant la création dans un tems donné, elle annonce la supériorité et l'empire de Dieu sur la matière ; en donnant une fin à ses ouvrages qui ont eu un commencement, elle annonce un juge et fait frémir la nature humaine au profit de la morale.

Les systêmes de l'éternité du monde, de l'éternité de la matière, du mouvement et du raccrochement fortuit des atômes, de l'aveugle fatalité, de l'ame universelle, viennent se briser contre la convenance et la décence de ce premier dogme.

Dogme sur l'origine du mal physique et moral.

Le second, selon l'écriture, c'est que l'homme a été créé dans l'innocence avec une morale pure et praticable, qu'il n'est devenu criminel qu'en agissant librement contre cette règle de sa conscience, qu'un père coupable nous a transmis sa culpabilité ou sa faillibilité.

Le philosophe chrétien verra bien que ce dogme, en expliquant un mystère de la nature, fait l'histoire de l'origine du mal physique et moral, pour faire taire la curiosité de la foule sur un mystère qui lui donneroit des inquiétudes et qu'elle ne peut comprendre.

Dogmes des sacremens.

Le troisième, c'est que, pour étayer cette faillibilité et aider les hommes à se relever de leurs chûtes, Jésus-Christ a établi sept sacremens dans son église, signes sensibles par lesquels il a voulu nous exciter à nous rendre dignes de participer aux mérites de son sacrifice, qu'il a voulu nous appliquer par ces symboles.

Ces sept signes de graces tirent donc toute

leur efficacité et leur richesse du prix inestimable que Jésus-Christ a payé pour tous les coupables sur la croix. Ce grand acte est voilé par deux mystères, l'incarnation et la rédemption.

Je n'entreprendrai point d'expliquer à des philosophes, des mystères qui les ont mal-à-propos repoussés; mais je leur dirai avec l'écriture que, sous ces ombres mystérieuses, le chrétien voit la justice de Dieu et sa miséricorde se rapprocher et se donner la main; c'est-à-dire, qu'il croit que sa miséricorde a accepté et présenté à sa justice, dans les mérites de la vie et de la mort innocente du Christ, un prix digne de la satisfaire; et sans ces mystères, il seroit difficile d'expliquer comment Dieu peut être miséricordieux et juste en même-tems, sans blesser aucun de ces deux attributs; ils ont donc sous cet aspect un sens bien raisonnable, la solution d'un grand problême sur la contrariété apparente de deux attributs essentiels de la Divinité. Sous les autres aspects, ces mystères exigent une foi robuste dont il faut mériter la grace, en faisant taire la curiosité des sens sous lesquels ils ne peuvent tomber; mais le théiste connoît toute l'impénétrabilité d'un mystère et la foi qui lui est due ; je dis à ceux qui s'en sont scandalisés, « vous n'étiez point des » philosophes ; rentrez dans la foule et faites- » vous mieux instruire » ! revenons aux sacremens qui signifient secrets ou mystères.

Ces sept sacremens sont administrés au chrétien, dans les sept principales époques ou circonstances de sa vie, et lui annoncent combien tous les momens critiques et intéressans de ses jours, ont été rendus chers à sa religion.

Baptême.

1°. Comme il naît dans sa famille héritier des droits de ses pères, il renaît dans l'église par le *baptême* avec le caractère de chrétien, c'est-à-dire, enfant de Dieu et de son église, avec un titre à ses graces et à l'héritage céleste : l'eau qu'on lui verse sur la tête à son entrée en religion, lui marque combien on y doit être pur et la grace purifiante qu'il y reçoit.

Confirmation.

2°. Comme il grandit et se fortifie de corps et d'esprit par les soins et les leçons de ses parens dans sa famille, il reçoit dans l'église par la *confirmation*, une onction qui lui annonce qu'il est fortifié dans la grace selon les dispositions

dispositions qu'il y apporte, qu'il est enrôlé dans la milice chrétienne par un nouveau signe caractéristique, pour combattre l'ennemi du salut et ne point rougir de la doctrine du chrétien et du mystère de la croix.

3°. Comme il reçoit dans sa famille, les conseils, l'instruction et la correction nécessaires à son éducation, il reçoit dans l'église au tribunal de la *pénitence* selon la sincérité de son aveu et la force de son repentir, non-seulement le pardon de ses fautes, mais des avis salutaires, des motifs de consolations pour ses chûtes humiliantes, des moyens de correction et la grace pour les éviter. **Pénitence.**

Des philosophes ont-ils pu critiquer une institution si utile à la société et à ses membres! Par elle, le chrétien inquiet, l'homme foible, l'ignorant trouve à consulter sur l'affaire importante de sa perfection, de son salut, sur la morale, sur les maladies de l'ame, des guides, des pères, des médecins spirituels. Par elle, la foule chez qui l'éducation manque, sur qui le crime et ses conseils ont le plus d'influence; la foule est instruite, le crime étouffé en naissant, les scélérats arrêtés et souvent convertis et purifiés dans un bain de larmes précieuses! O philosophes ! quelle courte philosophie ! C'étoit le cas, au contraire, d'appliquer à cette bonne institution la belle maxime de votre chef sur Dieu : « *Si elle n'existoit pas,* » *il faudroit l'inventer* ».

Eucharistie. 4°. Comme le chrétien reçoit sa nourriture temporelle de ceux qui lui ont donné le jour, il reçoit dans l'église où il a fait une seconde naissance, avec l'*Eucharistie*, l'aliment spirituel qui nourrit son ame, en lui appliquant plus spécialement le prix du corps et du sang de Jésus-Christ immolé pour lui sur la croix d'une manière sanglante, et sous ce symbole d'une manière ineffable. Mais, comme les alimens du corps ne profitent qu'en raison de sa santé, il ne reçoit l'efficacité de ces alimens spirituels, que quand il a rendu son ame assez pure pour être admis à ce banquet sacré, où Jésus-Christ est « *sous un* » *pain qui n'est plus le maître qui le donne* » *et le mets qu'on y sert* ». Nous aimons à donner aux philosophes la définition de ce sacrement par Voltaire.

Extrême-Onction. 5°. Comme la famille du chrétien lui procure des secours corporels dans ses maladies, la religion lui donne, dans les mêmes circonstances, des secours spirituels ; il reçoit dans l'*Extrême-Onction* une nouvelle force pour voir avec courage les approches de la mort, une nouvelle consolation pour l'adoucir; et, à mesure qu'il présente à l'onction ses sens défaillans et coupables, il est forcé de détester le mauvais usage qu'il en a fait dans le cours de la vie.

6°. Sa famille lui procure pour compléter son éducation, les maîtres nécessaires, capables de la suppléer; l'église lui procure des conducteurs spirituels, auxquels le sacrement de l'*Ordre* donne, avec l'onction sacerdotale, la même mission que Jésus-Christ a donnée à ses Apôtres. L'Ordre.

7°. Enfin le *Mariage* du chrétien, qui se contracte dans sa famille, se ratifie devant Dieu et se bénit dans l'église par l'administration d'un sacrement qui l'oblige de se mettre en état de recevoir avec lui les graces nécessaires à cette union que Jésus-Christ a rappelée à la décence et au principe de sa première institution naturelle, « *son unité*, » *son indissolubilité* », si importante au bonheur des familles, à l'éducation des enfans, à l'ordre des successions, à la protection du plus foible des sexes et aux mœurs publiques. Philosophes! qu'avez-vous fait de LeMariage.

cette belle institution ? Rendez compte à la société, des désordres et des immoralités que vous avez substitués à tant de sagesse !

Voilà les principaux mystères du christianisme dans son culte ; toutes les autres cérémonies, rits ou solemnités de l'église, ne sont que des prières, ou des emblêmes de quelques événemens consacrés à la mémoire par la religion.

Que le philosophe destitué de foi, se torde en tout sens pour trouver dans tout ceci un emblême déraisonnable, indécent ou immoral ! Le théiste chrétien n'y verra rien que d'édifiant, de consolant et cachant un grand sens. Reprenons le rapprochement des dogmes de la nature et du christianisme.

Dogme de la spiritualité.

8°. La nature démontre sensiblement à l'homme l'existence de son ame pensante, mais elle lui en a caché l'essence substantielle; elle lui dévoile cependant des opérations intellectuelles qui n'ont nulle analogie avec la matière connue, mais qui annoncent une substance inaltérable et immortelle. Le christianisme donne à l'ame une substance spirituelle ; mais on sait que cette substance demeure inconnue, et ne signifie à la raison que son immatérialité et son immortalité, afin de lui interdire tout système monstrueux et dangéreux sur la substance inconnue qui la compose. Le théiste voit ce dogme de la nature sous les emblêmes que sa religion lui présente.

9°. La nature a gravé sa morale dans le cœur de l'homme, dans sa conscience, dans toutes les facultés de son être. Le théiste l'étudie avec respect, l'observe religieusement, la démontre par son exemple ; et si on s'est cru obligé de renforcer quelques préceptes de cette morale, dans le système religieux de son pays, à cause de quelques préjugés ou de quelques vices dominans; si le fondateur de la religion a cru devoir établir des moyens raisonnables d'expiations pour les crimes, d'autres pour dompter certaines passions dominantes et dangereuses ; le théiste qui en connoît l'esprit, sait s'y conformer selon ses besoins.

Morale chrétienne.

La morale chrétienne n'est pas autre que celle de la nature, présentée comme préceptes divins positifs, d'une manière infiniment imposante, mise en pratique et prêchée d'exemple par Jésus-Christ même, qui lui a donné pour base la charité ou l'amour.

Esquissons le caractère de ce divin Moraliste, et nous aurons l'esprit de sa morale !

Caractère de Jésus-Christ.

« Il étoit, dit l'évangile, le plus doux des » enfans des hommes : il n'eut point achevé, » ajoute-t-il, d'éteindre une mèche fumante » encore, ou de rompre un roseau à demi-» brisé !

» *Aimez* Dieu, *aimez* votre prochain » comme vous-même pour l'amour de lui ; » voilà la loi et les prophètes, a-t-il dit, dans » le même évangile ».

Il adresse aux Pharisiens et aux prêtres qui, le connoissant bien, lui avoient amené une femme adultère, pour lui surprendre un jugement de douceur contraire à la loi qui ordonnoit qu'elle fut lapidée : ces paroles remarquables, « que celui d'entre vous qui n'a rien à se » reprocher lui jette la première pierre » ? et lorsque, foudroyés par la sagesse de cette réponse, ils se furent tous retirés, il dit à la pécheresse qui attendoit, en tremblant, son jugement, ces paroles pleines d'indulgence : « il n'est donc demeuré personne » pour vous condamner ! hé bien, je ne vous » condamnerai pas non-plus (*selon la ri-» gueur de la loi*) ; allez et ne péchez » plus ! »

Quelle sentence de douceur, debonté! mais qu'elle dut être efficace! Le moyen de ne pas laver son crime dans un torrent de larmes! de ne pas l'effacer par un repentir plus grand que l'offense. Ce bon maître connoissoit bien le cœur humain, il étoit bien loin d'approuver une conduite répréhensible, mais il réformoit une loi trop dure, et prêchoit l'indulgence.

» Vos pères, ajoute-t-il ailleurs, étoient » autorisés par la loi à demander dent pour » dent, œil pour œil de celui qui les avoit » offensés; moi je vous dis, *aimez vos en-* » *nemis*, faites du bien à ceux qui vous per- » sécutent! présentez la joue gauche à celui » qui vous frappe sur la droite, donnez » votre tunique à celui qui prend votre man- » teau! »

Quelle vengeance! qu'elle est douce et généreuse pour celui qui l'exerce! qu'elle est humiliante pour celui qui la reçoit! c'est frapper l'amour-propre, désarmer la fureur la plus décidée, et imposer la paix.

La parabole de l'enfant prodigue, où il représente le père; celle du bon pasteur surtout, où il se peint lui-même, la brebis égarée sur ses épaules; celle du samaritain, où il verse l'huile et le baume sur les plaies de l'assassiné ; enfin sa prière sur la croix, où rendant compte à son père du troupeau qu'il lui avoit confié, il demande que toutes ces chères brébis ne soient plus qu'un avec lui sous les yeux de sa miséricorde, dans le mérite du sacrifice douloureux qu'il lui offre pour leur salut, et dans le sang qu'il va verser sur eux ; tout cela peint aux larmes, plutôt l'extrême bonté d'un père, l'intérêt héroïque d'un ami, que l'indulgence d'un législateur.

D'après cette morale caractéristique de Jésus-Christ, nous devons croire que toutes les autres maximes de sévérité ne se trouvent dans l'évangile que comme des moyens à conseiller à certains caractères et dans certaines circonstances, ou un nerf de plus donné à la morale pour appeler de plus loin à la perfection.

Dogme des peines et des récompenses.

Le chrétien sait que l'évangile décerne à ses œuvres des châtimens et des récompenses dans une autre vie ; les uns peints en couleurs de flammes dévorantes, les autres en torrens de saintes voluptés.

Expiations chrétiennes.

Il sait qu'il peut éviter les uns, en s'imposant lui-même les moyens d'expiations que lui fournit sa religion, qui sont : « la prière, le jeûne et l'aumône » ; il sait qu'en punissant son corps, sans jamais le détruire, il acquitte sa dette et reprend son empire sur ses passions ; il sait qu'il peut mériter les autres, en se faisant un trésor de bonnes œuvres et en s'entourant d'une foule de malheureux obligés, qui sollicitent pour lui le Dieu qui se fait caution « d'un verre d'eau » froide donné en son nom ».

La Science de la croix.

Mais ce qu'il y a de plus frappant pour l'efficacité de la morale chrétienne, c'est ce que l'apôtre appelle lui-même « la folie de » la croix », source féconde de la plus haute sagesse et des plus sublimes vertus ; c'est du haut de cette chaire de douleur et d'ignominie, que ce maître en souffrances, prêche le plus efficacement aux hommes, dans toutes les circonstances les plus critiques de la vie, la douceur, l'indulgence, le courage et la patience ; c'est en unissant son sacrifice à celui de Jésus-Christ, sa croix à la sienne, que le chrétien est le plus fort, le plus doux, le plus paisible des hommes, dans les momens les plus déchirans et les plus désespérans.

Que le philosophisme ne taxe point ceci de

mysticités purement théoriques ! c'est l'expression même de tous les mourans, de tous les souffrans ; elle fut dans la bouche sanglante des cent mille victimes qui périrent sous la hache éguisée par le philosophisme ; et le christianisme est précisément la seule religion de la terre qui puisse faire pardonner aux philosophistes tous les maux qu'ils lui ont faits. O jacobins! dégoûtante superfétation du philosophisme, ne la livrez plus mal-adroitement au mépris des peuples, demandez au contraire qu'on se hâte de la rétablir sur des bases solides et respectables, si vous voulez qu'elle implore votre pardon, comme son chef imploroit celui de ses bourreaux ! qui plus que vous est intéressé au rétablissement de cette unique institution qui puisse vous sauver !

Donc la morale de la nature acquiert dans le christianisme un nouveau degré de charité, d'indulgence, des moyens puissans, un intérêt quadruple, celui d'imiter son chef et de participer à ses mérites et à sa gloire.

10°. La nature a publié avec la morale générale, les principes de la morale politique, et n'en a fait qu'un code uni à la religion.

Le théiste est le meilleur calculateur de l'intérêt public et particulier, etc.

Principes de la politique chrétienne.

Le christianisme consacre cette doctrine de la nature, resserre plus étroitement les nœuds de la société politique, et après avoir prêché aux souverains l'égalité religieuse de la condition humaine devant Dieu, le prix d'un homme dont Jésus Christ a payé la rédemption aussi cher que la sienne; après s'être établi un tribunal dans sa propre conscience, pour juger ses injustices et les abus de son autorité; il défend au peuple de toucher à l'oint du Seigneur, ni à cet édifice politique sous quelque prétexte que ce soit; il veut que le chrétien soit soumis non-seulement « par la crainte, mais en conscience, à toutes les puissances qui viennent de Dieu, » comme à Dieu même, quelques soient » leurs torts, leurs vices *etiam discolis*; et » que l'on rende à César ce qui lui appartient; annonçant hautement à tout ambitieux, à tous ses prêtres que le royaume » de Jésus-Christ n'est point de ce monde.

Le chrétien est donc par principe de religion, d'abord le plus juste, le plus humain des souverains, enfin le plus fidèle des sujets. Le christianisme est donc la religion la plus épurée de tous principes révolutionnaires, de tout esprit de sédition, quelque soit le prince, quelque soit le gouvernement, bon ou méchant, chrétien ou mahométan, pieux ou incrédule; le christianisme le condamne dans sa conscience, mais le chrétien lui est soumis.

Quelle sagesse de prévoyance pour le repos des Empires! La religion chrétienne, l'expression de celle de la nature, est presque la seule qui convienne à tous les modes de gouvernemens que celle-ci a livrés au choix des peuples.

O impies! qui avez d'abord sapé ce fondement inébranlable de notre antique monarchie, on voit maintenant que vos desseins se portoient sur la monarchie même; mais vous avez aussi prouvé au peuple et aux savans que rien de solide ne se rétablira en France que sur les bases inébranlables de sa religion antique.

11°. La nature enfin appelle l'homme à la perfection philosophique. Le théiste qui connoît mieux que personne l'importance de ce précepte, et qui en connoît les règles et les bornes, se porte au but et ne le passe pas; jamais il ne raissonne sur les secrets impénétrables de la nature, contre les intérêts de la société, du gouvernement et de la religion de son pays, etc.

Philosophie chrétienne.

Qui mieux que le chrétien connoît dans tous ses détails le précepte de la perfection! Il en a un modèle divin, il en a reçu le commandement, la leçon et l'exemple de son chef; la perfection chrétienne est la vertu même, et cette vertu chrétienne n'est autre chose que l'*amour* ou la charité consommée dans tous ses points, jusqu'au degré héroïque de la croix.

Voilà la philosophie de Jésus! voilà l'unique philosophie qui puisse rendre le peuple capable d'atteindre et même de passer le petit nombre de vrais philosophes; un grain de foi de plus, est tout ce qu'il faut au dernier des chrétiens, pour devenir le plus étonnant, le plus sublime des hommes.

Quelle institution chère à la nature humaine! est-ce sur de pareils intérêts qu'il est permis à des philosophes de plaisanter avec les intéressés? Tout dans le christianisme, doctrine, mystères, morale, politique, philosophie, tout prend une pureté céleste, une teinte divine, et si une institution de dix-huit cents ans est encore aussi verte, falloit-il, pour quelques poussières de l'école que le soufle philosophique eût fait disparoître, détruire un édifice aussi solide; pour quelques obscurités que le théiste sait pénétrer, anéantir un établissement si beau, auquel il est impossible de substituer qnelque chose qui l'égale ?

Mais rassurons-nous! les efforts de ces pygmées en philosophie n'ébranleront pas la solidité de l'église. Elle a cela de particulier, qu'étant le fruit du sang de Jésus-Christ, elle se refait dans le sang des persécutions et dans les combats que lui livre l'orgueil humain; elle sortira plus brillante que jamais de celle-ci; elle fera triompher la vraie philosophie des sarcasmes brillans de la fausse, du pédantisme roide, et des pauvretés repoussantes de l'école.

Que Jésus-Christ connoissoit bien la solidité de la constitution qu'il donnoit à son église, lorsqu'il assuroit « que les portes de l'enfer » ne prévaudroient pas contre-elle! » Examinons-en maintenant les fondemens avec l'intérêt qu'elle inspire.

Dogmes sur l'église.

Jésus-Christ les scella de son sang, il la fonda sur les bases d'une charité consommée, il la dota des mérites de son sacrifice, de ses œuvres ; l'embellit de son innocence et de sa morale ; l'enrichit de ses exemples de vertus : il établit pour la conduire, un corps enseignant perpétuel, un sacerdoce continu qui devoit recevoir de ses apôtres et de leurs successeurs la mission qu'il leur avoit donnée, aussi pure qu'il l'avoit reçue lui-même, en leur transmettant de vive voix la doctrine que l'église devoit enseigner, interpréter et défendre jusqu'à la consommation des siècles.

Quelle église ! quel sacerdoce ! quelle autorité ! quelle antiquité ! Est-il quelque chose qui lui soit comparable dans toutes les autres religions de la terre ! Nous l'allons voir, continuons cet intéressant examen.

Jésus-Christ a donc confié à son église, comme nous venons de nous en convaincre, le dépôt de sa doctrine, de sa morale, avec le pouvoir de l'enseigner, et l'ordre de la passer intacte et telle que ses apôtres l'ont reçue de sa propre bouche, aux chrétiens de tous les siècles.

L'église a reçu de lui le pouvoir de décider en dernier ressort toutes les questions de doctrine contestées, afin que la doctrine soit toujours fixe, l'église toujours une ; afin que l'inquiétude de l'esprit humain soit toujours contenu, réglé, et que le fidèle ne soit point emporté à toutes espèces de nouveautés. Est-il une constitution qui convenoit mieux à la curiosité, à la variabilité, à la loquacité humaine, entr'autre à notre nation ? C'est la seule des religions connues qui puisse lui en imposer et convenir à son caractère.

L'église enseignante est le corps épiscopal et subsidiairement le corps sacerdotal, successeur du collége apostolique, où les disciples étoient admis avec les apôtres, à qui Jésus-Christ a dit en leur donnant son esprit : « allez ! enseignez toutes les nations ! qui » vous écoute m'écoute, qui vous méprise » me méprise : voilà que je suis avec vous » jusqu'à la consommation des siècles ».

L'église enseignante, comme corps réprimant, a reçu de son chef, ainsi qu'il convient à toute société bien ordonnée, le pouvoir d'appliquer des peines et des récompenses canoniques, et de prononcer sur l'état de conscience des pénitens, par ces paroles : « tout ce que vous lierez sur la terre sera lié » dans le ciel ; tout ce que vous délierez sur » la terre sera délié dans le ciel ». De là, les censures et les indulgences; de-là, l'absolution sacramentale ;

sacramentale ; mais ce jugement n'est point arbitraire ; les conditions morales qui sont requises pour l'application de la peine ou de la récompense, et pour l'efficacité de ces absolutions, ne peuvent pas manquer d'être approuvées par la justice céleste ; c'est, pour être frappé de censure ou lié au tribunal de la pénitence, un crime mortel, c'est-à-dire, le plus grave en morale, avec obstination de ne s'en point corriger, malgré les monitions canoniques, qui doivent toujours précéder le prononcé de la censure et les vaines épreuves et exhortations au tribunal de la pénitence.

C'est pour participer aux indulgences, à l'absolution sacramentale, c'est-à-dire, aux graces célestes, aux mérites de Jésus-Christ, au pardon de ses fautes, à la communication de toutes les bonnes œuvres des fidèles, un repentir, une réparation, une pénitence égaux aux fautes, et un retour sincère à l'innocence. Les expiations que l'église exige, sont : « la prière accompagnée de bonnes œuvres, le jeûne ou la privation des plaisirs dangereux, et l'aumône ou tous les détails de la charité et de la bienfaisance ».

Quelle institution pour les mœurs ! Un

plan d'union et de communauté de biens spirituels entre les chrétiens, un trésor commun, où les foibles et les pénitens viennent puiser dans les œuvres de surérogation des ames pures, le mérite qui leur manque devant Dieu pour satisfaire sa justice et implorer sa miséricorde. Quelle douce leçon pour tous les cœurs! quel attrait pour le pécheur! quelle ressource contre son désespoir, sans flatter ses penchans qu'il faut qu'il immole!

L'église, comme corps de religion, « est » l'assemblée des fidèles, des adorateurs » du vrai Dieu, sous la direction de leurs » pasteurs *légitimes* et l'autorité d'un chef » qui montre l'unité de l'église »; chef que Jésus-Christ a nommé lui-même en adressant à Saint-Pierre et à tous ses successeurs dans la même chaire, ces paroles: « paissez » mes brebis, paissez mes agneaux! c'est » sur vous que je vais fonder mon église; » et les portes de l'enfer ne prévaudront pas » contre elle ».

Ce chef est lui-même contenu dans l'unité de foi et de doctrine, par le corps épiscopal à qui Jésus-Christ a donné la dernière décision en matière de foi et de discipline universelle, par ces paroles : « *posuit episcopos* » *regere ecclesiam Dei ;* c'est aux évêques à » gouverner l'église de Dieu : toutes les fois » que vous vous assemblerez en mon nom, je » serai au milieu de vous, c'est-à-dire mon » esprit vous éclairera ». C'est au collége apostolique à qui il a dit : « recevez mon » esprit ; allez enseigner toutes les nations » ! La jurisdiction du chef est réglée par Jésus-Christ, et soumise à l'église comme corps enseignant.

Y a-t-il, je ne dis pas en Europe, mais dans le monde entier, un édifice religieux plus régulier, plus majestueux, plus solide, un ministère mieux fondé, un clergé plus ancien, une unité plus parfaite, un fondateur plus sage et plus exemplaire ?

Sont ce les Mahomets, le Luther, Calvin, Zuingle, OEcolempade, Henri VIII, ect. qui pourroient soutenir un instant le parallèle avec le fondateur de la religion chrétienne, et leur doctrine avec la sienne ?

Qu'étoit le premier, lorsqu'il a publié le Coran ? un imposteur armé qui a écrasé des générations pour défendre chez elles la perfection de l'entendement humain, anéantir les lettres et leurs précieux monumens, pour

Le Mahometisme.

prêcher au cœur de ses sectateurs une volupté immorale qui doit s'étendre jusqu'au ciel, jusqu'au sein de Dieu ! cela ne se réfute pas.

Le Luthéranisme.

Qu'étoient tous ces derniers, lorsqu'ils ont perverti la doctrine de l'église, pour se faire chefs de sectes et établir un nouveau systême dans l'ancienne religion ? ils n'étoient que des ambitieux, de simples chrétiens sans caractère : aussi n'établirent-ils rien de fixe.

Quelle est leur doctrine ? d'abord, ces reformateurs mal-adroits admettent formellement l'inspiration divine de l'écriture, la divinité de Jésus-Christ ; et, par une inconséquence qui les foudroye au tribunal de la raison, ils ne veulent point reconnoître son église, précisément dans ce qu'elle offre de plus sage comme corps enseignant, « *la fixation de la variabilité de l'esprit humain* » ; ni son sacerdoce, malgré la précision de ses paroles à cet égard. Et, que devient l'unité de doctrine et l'intégrité de la morale évangélique dans une oligarchie, où tout individu a droit d'interprêter l'Esprit-Saint ; où, pour sortir de cette inconséquence, les esprits les moins inconséquens de leurs sectaires se croyent forcés d'embrasser le systême de Soçin, hérésiarque bien moins inconséquent que ses maîtres.

De qui tiennent-ils leur mission ? à coup sûr, ce n'est ni de Jésus-Christ ni de son église ! il faut pourtant qu'elle dérive de l'autorité de l'écriture, puisqu'ils l'admettent comme divinement révélée ! et l'écriture ne prononce que des anathêmes contre ceux qui n'écouteront pas l'église enseignante dans les successeurs des Apôtres.

Mais où est le corps enseignant de ces nouvelles doctrines, pour qu'elles ne varient point, qu'elles ne divaguent point avec l'esprit humain ? Où est le sacerdoce de ces nouveaux cultes ? D'où vient l'autorité de ces novateurs ? je ne vois que l'audace, l'inquiétude et la variabilité de l'esprit de l'homme livré à lui-même ! Voilà pourtant ce qu'on vouloit nous faire adopter ! Laissons-là une réforme qui en demande une autre ; et tenons-nous-en à la religion de nos pères depuis le premier homme !

Le Déisme et l'Athéisme.

Appellerons-nous nos déistes, nos matérialistes, nos athées, nos anéantisseurs, pour soutenir le parallèle avec Jésus-Christ et sa religion ! Mais je sens frémir toute la France détrompée ; mais le Dieu ridicule et contradictoire des uns, l'ame de sang des autres, le vuide affreux de l'opinion de ceux-ci, leurs attentats contre la nature divine et la nature humaine, en voulant étouffer l'une et arracher à l'autre une de ses facultés la plus consolante, *le sentiment religieux ;* les ruines épouvantables qu'ont laissées ceux-là, l'orgueil et l'immoralité de presque tous, les mettent en accusation devant Dieu et devant les hommes. Ce n'est pas pour rivaliser le fondateur le plus irréprochable de la religion la plus sage de la terre.

Les inepties qu'ils ont vomies contre l'origine, la vie, la doctrine et la morale de Jésus-Christ, et les sources bourbeuses où ils ont puisé leurs calomnies, ont confirmé la sagesse divine de ce dernier et l'excès de folie et de dépravation des premiers, au point de ne pas mériter même le sérieux d'une réfutation.

Le dieu pompeux de Voltaire est une négation ; celui de Jean-Jacques une de ses inconséquences qui ne pouvoit avoir pour sectateur qu'un vicaire savoyard, tremblant en prononçant les paroles de la consécration, et faisant très-scandaleusement des enfans aux filles en bravant la correction de son évêque. Les autres ont étouffé leur Dieu pour asseoir l'égoïsme sur son trône, d'où il désole toute la terre. Laissons-là ces chefs d'une telle philosophie, et donnons la main à ceux qu'ils ont égarés.

L'Idolatrie.

Nous n'irons point relever de la boue la figure des Brames modernes, des Guèbres, des Lamistes, des Talopoins de la Chine, des Daïriens du Japon, des Africains ni des Sauvages des isles du Sud, pour les comparer à Jésus-Christ. Voilà pourtant les pitoyables restes des religions très-célèbres de l'antiquité! Qu'est-ce que tout cela près du christianisme qui existe en France depuis l'an 496, époque où nos ancêtres étoient sacrifiés par leurs prêtres à d'affreuses idoles; qui dure dans le monde chrétien depuis dix-huit siècles, et qui remonte par la loi ancienne jusqu'au premier jour du monde connu?

Donc cette autorité enseignante, cette doctrine, cette morale, ce culte, ce chef de l'église chrétienne, comparés à tous les systêmes religieux et philosophiques de la terre habitée, ne présentent rien que de respectable, d'attrayant, de raisonnable, même aux yeux de l'incrédule (1) !

---

(1) La critique triomphante de nos philosophistes, sur le fameux passage de l'historien Josephe qui concerne Jésus-Christ, n'a nullement prouvé qu'il fut intercallé postérieurement par des chrétiens; 1°. parce que les œuvres de cet historien étoient trop répandues et avoient trop de crédit, pour qu'on pût remplir le but de cette fraude sans qu'on s'en fût apperçu, et qu'on n'eut écrit contre; sans que l'on eût trouvé un seul de ses volumes répandus, tous signés de lui et de l'empereur Titus, où cette anecdote eut été omise; 2°. parce que les raisons que ces critiques donnent au fond, n'ont point de poids; ils disent d'abord, « que Josephe, de » la secte des Pharisiens ennemis de Jésus, n'en eût » parlé qu'en termes méprisans; tandis qu'il n'en parle » que comme d'un homme puissant en œuvres, un » sage que tout le peuple écoutoit et suivoit en foule, » que ses sectateurs regardoient comme un Dieu » ! Que si les choses eussent été ainsi, il eût fait plus de bruit dans le monde; que toute la Judée ou se seroit soumise à lui, ou auroit conservé son souvenir dans ses annales; que les écrivains du tems n'auroient pas manqué de rapporter ces faits étonnans; que Josephe lui-même se seroit fait chrétien.

1°. Josephe étoit plus philosophe à la romaine que pharisien fanatique; il écrivoit l'histoire : il donne ce fait avec autant d'indifférence que les autres, et peut-être plus, car il n'en dit que ce mot. 2°. Il faut se

La religion chrétienne peut donc être considérée comme le plan de la plus sublime philosophie digne de la sagesse de Dieu ; la religion chrétienne est donc la plus parfaite de toutes les religions connues. On peut dire qu'elle est la religion de tous les sages de la terre, parce que tous les sages qui la connoîtront comme nous, l'embrasseront formellement, et les sages qui ne la connoissent

---

reporter au tems où il parloit des prodiges divins du Christ, comme il parloit de bien d'autres prodiges ; c'étoit dans un siècle et dans un Empire où les peuples faisoient des Dieux de leurs empereurs, de leurs moralistes, de leurs médecins ; et dans un moment où la Judée, déchirée par des sectaires, attendoit impatiemment un libérateur, et couroit après tous ceux qui se disoient l'être, jusqu'à ce que leur charlatanisme en défaut eût laissé voir le fripon. Voilà le sens dans lequel parloit Josephe ; aussi ne crut-il point pour cela en Jésus qui foudroya pourtant tous les faux Messies, non-seulement par la sagesse de ses œuvres, mais en remplissant complétement sa mission, et en substituant à la loi de Moïse, la loi nouvelle qui l'écrase, et qui devint, par la pureté de sa doctrine, digne de l'attention des meilleurs philosophes, la religion de l'Empire et presque du monde entier. Que peut cette critique contre cet argument ?

pas lui appartiennent ; c'est sa doctrine. C'est bien là sans doute le plus beau de ses titres à l'universalité. Elle n'est donc point intolérante par principes, ni ennemie des autres cultes, puisque leurs sectateurs les plus sages sont ses fils adoptifs.

La tolérance chrétienne.

La conduite de Jésus envers le Centenier, la Cananéenne, la Samaritaine, sa parabole du repas où furent invités les hommes les plus disgraciés de la nature, celle du Samaritain qu'il applaudit d'avoir pensé charitablement les plaies d'un malheureux étranger qu'un prêtre juif n'avoit pas voulu secourir, etc. Quelles leçons de tolérance adressées au théologien le plus pointilleux, à tous les jacobins de l'école qui feroient ardre leurs frères, s'ils les soupçonnoient de penser autrement qu'eux ! Quels dogmes précieux à toute l'humanité ! en un mot, quelle divine philosophie !

Mais beaucoup de mes lecteurs trouveront que cette partie dogmatique de la religion chrétienne n'est point traité d'une manière neuve ; que ce n'est qu'une répétition fort ordinaire du catéchisme de leur croyance.

Tant mieux ! c'est une preuve que je n'ai

point alarmé la foi dont ils ont besoin pour aller à la perfection et au bonheur! Je ne me le pardonnerois pas.

D'autres, en moindre nombre, croiront y trouver un grand sens ; et pensant saisir la clef des mystères, ils rentreront dans le temple de la religion de leurs pères comme initiés, comme philosophes et théistes chrétiens.

Tant mieux encore! c'est le but de mon ouvrage : ils y purifieront au feu de la foi, ce qu'il y a peut-être de trop humain dans leurs vues.

Mais les docteurs de l'école me blâmeront d'avoir négligé la preuve dogmatique et scholastique de la divinité du christianisme et de ses mystères.

Je répéterai encore tant mieux! c'est une preuve que je n'ai rappelé que ceux qui étoient dehors, sans altérer la foi de ceux qui sont dedans, et que j'ai laissé dans toute son intégrité la doctrine de l'école.

En effet, la preuve nouvelle que j'ai donnée de l'excellence du christianisme, loin de nuire à la foi des persuadés, achève de convaincre les moindres doutes de leur raison et les fortifie dans leur opinion, en la prémunissant contre toutes les attaques de l'incrédulité, qui a toujours assailli la foi du côté des doutes de la raison.

Elle ne nuit point à la foi commencée des néophites que le théologien instruit dans la méthode de l'école; au contraire, elle prévient sa raison en faveur.

Elle rappelle enfin tous les bons esprits, tous les égarés, toutes les dupes de la fausse philosophie, à la religion de leurs pères, les y attache et les fixe à jamais, sans nuire aux anciennes preuves, et sans toucher à l'intégrité de la doctrine.

C'est d'après ces réflexions que je me suis restreint à cette méthode qui ne repousse personne, et qui rappelle tous les êtres sensés à la meilleure religion qui ait parue sur la terre.

D'après ce retour aux principes, la fausse philosophie est perdue; il ne sera plus permis de se dire philosophe et ennemi de la religion de son pays; et la vraie philosophie donnant la main à la vraie religion, va lui concilier tous les esprits, tous les cœurs, tous les talens, et jeter dans le temple chrétien une lumière qui éclairera le zèle de ses ministres, en tempérera toute l'ardeur, en réglera toutes les opérations, et pacifiera toute la terre pour des siècles.

CHAPITRE VIII.

Mes vœux sur le retour au véritable esprit du christianisme, lors de son parfait rétablissement en France.

Que nous serions donc à plaindre; si le le travail douloureux de la révolution, le sang que nous avons versé en torrens, la ruine de nos arts et de nos monumens, la perte de notre crédit en politique, de notre réputation en morale, les crimes qui ont couvert la France, l'égoïsme épouvantable de ses habitans, les larmes dont nous avons trempé notre sol, l'injustice qui nous a tout pris, etc. si tout cela n'aboutissoit, ou qu'à nous courber le dos sous le fer de nos assassins, sous la main rapace de nos spoliateurs, sous le joug que des intrigans veulent nous imposer en nous caressant, pour nous faire tirer le soc à leur profit, et tout cela sans religion, sans consolation ; ou à retourner aux abus qui ont fait la révolution, avec une religion inquisitoriale et une politique de fer.

Car, il ne faut pas nous le dissimuler, nous sommes sur ces deux mines prêtes à s'enflammer. Nous marchons sans armes, découragés, sans esprit public, sans ralliement entre deux armées ennemies bien en mesure ; l'une qui a tout pris et qui ne veut rien rendre, et l'autre qui a tout perdu et qui veut tout récupérer, jusqu'aux abus qui ont fait ses malheurs ; l'une est conduite par le jacobinisme prétendu philosophique, l'autre par le caffardisme prétendu religieux et politique.

Ne nous le dissimulons pas ! les expressions de la politique et du prétendu zèle religieux annoncent une conjuration presque formée pour donner tort à la raison. On met déjà sur son compte toutes les folies, les extravagances, les horreurs que la politique, que l'ambition a payés à nos sophistes, à nos jacobins, pour abuser de tout, afin de faire prononcer son interdiction par tout ce qui est peuple en France.

On va nous dire, et même on l'a déjà dit : « Vous avez voulu être libres, vous avez été

» atroces ! Vous avez voulu raisonner reli-
» gion, morale et sur-tout politique, en
» un mot, être philosophes; et vous n'avez
» été que des impies, des athées, des dis-
» coureurs sans foi, sans loix, sans mœurs !
» Vous êtes un peuple de foux, de furieux
» qu'il faut enchaîner au trône et à l'autel » !
Et si nous ne nous jetons pas dans les bras de la sagesse, nous serons traités comme le mauvais serviteur de l'évangile, et précipités pieds et mains liés dans les ténèbres extérieurs, livrés aux faux politiques et aux faux dévots, les démons de ce monde.

Eh ! que serviroit donc à tant d'honnêtes gens, à tant de Français irréprochables, de s'être faits martyrs des principes et de la bonne cause, si après une telle tourmente ils n'ont plus qu'un esclavage abrutissant et désespérant à attendre ? s'ils n'ont échappé à la rage du jacobinisme révolutionnaire, que pour être livrés tout vifs à la domination épouvantable du jacobinisme politique et religieux; et s'il n'est plus permis d'avoir raison et d'en administrer la preuve, n'eût-il pas été mille fois plus beau de perdre avec honneur une vie destinée à l'ignominie !

Je le crois donc vertueux et patriotique,

le premier vœu que je fais pour que le gouvernement et la religion qui sauveront la France de l'athéisme et de l'anarchie, la sauvent aussi du retour des abus qui ont provoqué ses malheurs, et qu'ils soient précédés de celui des principes de la saine raison !

J'ai exposé plus haut ces principes, j'ai dit ce qu'ils exigeoient du gouvernement et des gouvernés ; je viens de tracer ceux qui concernent le culte ; je me borne dans ce chapitre à voter le retour à l'esprit de ma religion, à l'abolition des abus qui ont failli donner le démenti à ses oracles.

Je vote donc, en second lieu, non que l'on interdît à tout habitant de la France de se faire telle opinion religieuse, tel culte domestique, telle confiance, telle conscience que la persuasion lui dictera ; rien au monde ne doit être plus libre que le choix du mode personnel d'exprimer à Dieu dans son particulier, son sentiment religieux ; mais qu'il n'y ait qu'un culte public, une religion nationale, l'église de nos pères ! et qu'on ne fasse de la France politique et religieuse, qu'un faisceau de loix, une famille liée par la religion du pays !

Je l'ai dit, et on ne sauroit trop le répéter, le

le gouvernement et la religion sont deux choses plus inséparables qu'on ne l'a cru, l'un donne des loix à la société extérieurement, et l'autre les intime à la conscience de tous les individus qui la composent; mille circonstances sérieuses exigent leurs concours, soit lorsqu'il faut recourir civilement au serment religieux, soit lorsqu'il s'agit dans les calamités ou la prospérité publiques, de réunir tous les corps de l'État, à tous les corps religieux, pour rendre graces à Dieu des unes, et implorer sa miséricorde sur les autres; dans tous les cas enfin où l'on veut faire de la loi et du législateur une chose sacrée, et les rendre infiniment imposans au peuple. D'ailleurs, je vais tracer les principes qui l'exigent avec leurs conséquences parfaitement prouvées dans ces derniers tems.

« *Point de morale, point d'État;* » « *point* » *de religion, point de morale!* » il faut donc pour que la morale publique ne soit point décousue en autant de lambeaux, souvent contradictoires, qu'il y a de religions différentes, qu'il n'y ait qu'une école qui l'enseigne et qu'une religion qui la sanctionne. Je crois qu'on peut ajouter à ces principes, cette maxime qui en dérive; « *plusieurs reli-*

» *gions dans un État, point de religion;* » en voici la raison palpable.

Le sentiment religieux ne porte à tant de sublimité, que parce qu'il est véhément et inquiet; que parce qu'il se porte à la spéculation d'objets mistérieux qui ne frappent point les sens. Les sectateurs des différens modes de religion, sont persuadés qu'ils ont saisi chacun la réalité de ces mystères à l'exclusion de tous autres; qu'ils ont la religion la plus parfaite, la seule vraie; alors ils sont nécessairement entr'eux d'une émulation turbulente, disputante; ils sont même ennemis et dépréciateurs de la religion qu'ils attaquent: ou on leur répond avec la même chaleur, et bientôt on voit s'allumer une fureur de religion qui n'a plus de bornes; ou on les écoute avec indifférence, et alors c'est une religion qui s'éteint. Dans l'un et l'autre cas, la religion est nulle ou funeste.

Mais combien cette désunion n'est-elle pas nuisible à la chose publique! Les pages sanglantes de notre histoire, ne nous démontrent-elles pas d'une manière assez instructive, combien la différence de sectes et de culte nuit à l'unité de l'État! Combien de partis tout faits, tout aigris, tout prêts à combattre au nom terrible d'un Dieu jaloux, cette multiplicité de culte ne présente-t-elle pas aux intrigans, aux factieux, à l'ennemi même, qui veulent troubler ou règner! Peut-on se dissimuler combien ces haines de sectes ont faits verser de sang! combien ces oppositions d'église à église, d'école à école, de prêtre à prêtre, ont occasionné de disputes, de persécutions, dressé d'échafauds et allumé de buchers dans nos malheureuses contrées!

Veut-on nous ramener à ces anciennes fureurs, pour nous délasser de celle qui vient de nous porter à égorger de nos mains, trois de nos générations, en mémoire, dit-on, de la Saint-Barthélemi et de la dragonade des Cévènes? Où cela finira-t-il, si, ce qu'à Dieu ne plaise, les catholiques croyent, en dépit de leur religion, avoir ce surcroît de vengeance à tirer des protestans qu'on ramène encore sous leur couteau.

Le coup étoit frappé, c'étoit un crime, mais il étoit sur le compte de la politique de Louis XIV; et tout l'avantage étoit pour nous; jamais la France n'avoit touché de plus près à la perfection à cet égard, et à bien d'autres; et voilà qu'on nous précipite, encore tout armés, avec le goût du sang, ne respirant que vengeance et liberté, dans une oligarchie religieuse, d'où résultera, ou une nullité absolue de religion, ou une rage de sectes, qui achèvera de nous dévorer, au lieu de nous rendre des mœurs.

C'est dans mon cœur, le cri du patriotisme et non le prosélitisme qui me dicte ce que j'écris à cet égard; je suis bien loin de blâmer les justes réclamations que faisoient des Français qui n'étoient point du culte dominant, pour jouir dans leur pays de tous les droits de citoyens et de la protection publique comme les autres; je leur aurois fait justice sur leur état, leurs mariages, leurs successions, leur liberté de conscience et même de *culte domestique*, mais je n'aurois jamais donné d'état civil à leur église ni culte public à leur secte; je leur aurois dit :

« Voilà le culte légal de l'Empire! c'est en
» cette langue et de cette manière qu'on y
» veut adorer le même Dieu que vous; vous
» y serez reçus avec joie et sans troubler
» votre conscience par aucune question ni
» abjuration indiscrette; il vous est absolu-
» ment libre d'y assister ou de ne pas le
» suivre; mais le troubler ce seroit troubler

» l'État et provoquer contre vous les peines » de la loi. Si cette manière d'honorer Dieu » dans votre patrie vous répugne, honorez-» le chez vous à votre manière! Mais on » regardera comme infraction à l'ordre pu-» blic tout rassemblement de plusieurs fa-» milles pour cause de religion, ailleurs que » dans les temples Français : si cette dispo-» sition générale et pacifique ne peut vous » convenir, demandez au gouvernement la » permission de passer sous un autre! mais » jusque-là, point de sédition ! l'œil du » gouvernement sera toujours ouvert sur » vous. »

Ah ! si le théisme philosophique et chrétien de nos premiers pères, des plus sages et des plus éclairés de notre nation, se propageoit, comme on se réuniroit au culte de son pays, honteux de s'en être séparé pour des distinctions d'école !

C'est ainsi que je voudrois que le culte public se rétablît en France ; que l'exercice de la religion fût sans contrainte ; que le ministère du clergé ne fût que de persuasion, n'empruntant rien des loix co-actives, mais tenant son état, sa considération, son repos, sa sûreté des loix protectrices.

Point d'autre force pour me contraindre d'aller au temple de la religion de mon pays, que le mode imposant, attrayant et touchant que les ministres du culte sauront employer pour m'y engager ; que le bon esprit qu'ils auront de rendre mon culte plus conforme aux loix de la décence, du bon goût, et de la saine raison, que pas un autre culte!

Que le temple du père commun soit ouvert à tous ceux qui s'y maintiendront avec respect, sans s'informer de ce qu'ils pensent, ni de quelle secte ils sont ; c'est le moyen de les gagner tous à la religion dominante!

Que le spectacle religieux ne m'offre dans nos temples, que des objets édifians, exprimant une vérité sensible ; que toute représentation grotesque ou hasardée qui n'a pas son sujet dans l'évangile ou dans les saints canons, en soit entièrement bannie ; et pour cela, qu'on ne puisse rien construire, rien innover dans les temples, que d'après un plan arrêté par l'église nationale et d'après les visites dont nous allons parler ?

La révolution a fait là-dessus une réforme qu'on n'eût jamais osé tenter, elle a renversé les idoles dégoûtantes du bas peuple ; malheureusement elle n'a pas plus respecté les grands monumens des arts : mais la table est rase, il a fallu un coup de foudre pour cela, c'est un malheur sans doute, au moins profitons-en pour ne rien réédifier de repoussant !

Que les cérémonies, le chant, les paroles soient par-tout les mêmes ! qu'on cesse de concentrer mal-adroitement le culte national dans les murs du temple, comme si la religion étoit un hors-d'œuvre dans l'État ! Le spectacle religieux, on le sait, loin de nuire à l'ordre civil, le renforce au contraire, le sanctifie, il y attache les esprits et les cœurs.

Nous avons été à même de comparer les fêtes publiques anciennes avec les nouvelles ; le parallèle ne se soutient pas ; celles-ci séparées de la religion ne présentèrent qu'un travail de commande où la fureur armée conduisoit des esclaves, où chacun trembloit d'y être immolé au dieu du jour, plus féroce que celui des Gaulois, où la joie commandée n'étoit exprimée que par des convulsions de rage ou de contrainte, ou bien une farce couverte d'un mépris universel.

Celles-là, au contraire, commençoient par aller puiser dans nos temples une grande idée, une joie religieuse, un sentiment de reconnoissance envers le ciel, qui souvent arrachoient des larmes délicieuses qui ne gâtoient rien à la solemnité ; et le reste de la fête qui se passoit civilement, avoit alors toute la signification que le gouvernement avoit intérêt qu'elle eût.

Rien, que la religion ne remplacera ces marches pompeuses où les corps ecclésiastiques et civils assistoient en costumes vénérables, ces pompes funèbres où la mémoire des morts étoit honorée, les vivans instruits et les familles consolées par la religion. Quelle aridité, quelle impiété a remplacé ce que tous les hommes de tous les temps, de tous les pays, de tous les cultes ont constamment respecté, parce qu'ils savoient que c'étoit se respecter soi-même.

Je reviens à mes vœux pour le retour du plus grand bien et l'abolition des abus ; je desire qu'alors les processions et marches publiques ne se fassent plus qu'avec la décence et l'éclat qu'exige une pompe religieuse, un spectacle édifiant ! et que l'on supprime ces fréquences de marches tumultueuses par les campagnes et par les rues, pour de petits objets ; que les derniers sacremens se traitent entre le malade et son directeur de conscience, sans en faire un objet de culte public trop familier, trop répété, trop peu solemnel, et sans obliger un malade de mourir en public comme un supplicié ; quand la bonne nature lui cache cette terrible catastrophe et couvre son tombeau des fleurs de l'espérance, pourquoi une religion consolatrice lui en montreroit-elle toute l'horreur ! pourquoi continueroit-elle à lui faire subir publiquement l'interrogatoire d'un criminel, par des questions inutiles et souvent quelque chose de plus ! je veux que ma religion me console et me fasse mourir en paix si ma conscience la trouble ; mais, si elle est calme, qu'on me laisse mourir dans ce délicieux repos ! souvenons-nous de la torture des pauvres mourans sous la terrible ortodoxie de M. de Beaumont !

Que l'éclat d'une pompe funèbre ne soit plus que l'ouvrage des familles, que le clergé qui y assistera toujours n'y ajoute pas plus à l'un qu'à l'autre, qu'il traite également tous les fidèles pour le nombre des ministres, les ornemens, l'office et le son des cloches, pour ne point démoraliser cette grande leçon de la nature qui confond toutes les conditions !

Qu'on ajoute quelques solemnités purement morales aux solemnités des mystères ; et que toutes ces solemnités soient rendues sensibles, attrayantes, aimables tant par les cérémonies que par les paroles et le chant!

Je voudrois qu'on unit toujours à l'office que l'on fera dans la langue universelle de l'église romaine, en signe d'union avec son chef, un hymne en langue vulgaire, fait de mains de maîtres, et renouvellé à mesure que les lettres et la langue se perfectionneront, dans lequel tout l'esprit de l'office du jour soit exprimé, et spécialement la beauté, les charmes de la vertu qui en est l'objet, et l'horreur et les inconvéniens du vice que l'on veut faire détester. C'est, je crois, le seul moyen de rendre sensible au peuple l'expression nécessaire de son culte.

Ceci ne sera pas sans doute considéré comme contraire à l'esprit de sa religion à cause du défaut d'usage ; certainement la religion fut établie dans la langue des peuples qui l'ont reçue. Pourquoi seroient-ils étrangers aux beautés qu'on exprime à Dieu en leur nom, et privés du sentiment que ces beautés inspirent ? On lui doit faire justice de cet abus que l'âge seul a pu introduire ;

c'est d'ailleurs le seul moyen d'attirer les étrangers à nos solemnités.

Que toutes les instructions pastorales soient toujours sur des préceptes incontestables d'une morale avouée et reconnue de tous les hommes, afin que l'étranger qui voudra s'unir à nous dans nos temples, et qui en aura le droit par la loi, n'y entende que les expressions de ses propres sentimens, et puisse aussi bien que nous sortir meilleur du lieu saint ?

Si on célèbre un mystère, qu'on n'ajoute pas un mot de doctrine humaine au dogme, au secret de Dieu que l'on propose à la foi; mais que l'on en tire des moralités utiles !

Qu'on se rappelle ce que les écoles différentes des corps religieux nous ont produit en dogmatisant ! Aucune lumière, mais des disputes de mots, des haines de sectes, des persécutions et des meurtres. Nos différentes universités, qui étoient confiées à différens corps, avoient aussi différentes manières d'enseigner, si vous voulez, le même dogme; mais bien prêt à différer autant au fond qu'à la forme de le rendre : que d'erreurs d'expressions sur les accessoires des mystères !

Heureusement dans ces derniers tems, au lieu de nous quereller, nous avons ri de ce pédantisme scholastisque ; sans quoi nous aurions au moins deux sectes de plus.

Les corps religieux avoient aussi leur manière de dogmatiser. On sait que les thomistes, les scotistes, les augustiniens, ceux qui tenoient au docteur subtil, au docteur irréfragable, au docteur mielleux, à l'ange de l'école, avoient un langage, une forme et même des sentimens divers qui allumoient les têtes jusqu'à la fureur ; c'est de ces écoles que sont sortis les hérésiarques et l'étincelle qui a allumé tant de bûchers. Le jansénisme et le molinisme qui ont failli, dans le dernier siècle, nous faire reporter le couteau à la gorge, étoient l'esprit d'école de deux corps religieux ; l'immense crédit de l'un a fait tomber l'autre sous les foudres de l'église : mais heureusement notre légèreté a fait tomber cette mauvaise comédie par le sifflet du ridicule.

Je vote donc pour qu'il n'y ait qu'un corps enseignant dans l'église et dans l'État, et que ce corps n'ait de livres, de doctrine et de formes d'enseigner, que ceux arrêtés par l'église et l'État de concert. Point d'autres écoles, ni grandes ni petites, ni dans les villes ni dans les villages, que celles tenues par ce corps, pour tous les Français sans distinction de sectes.

En conséquence, on n'y enseignera qu'une morale étayée des principes généraux de la religion, réalisés dans ceux du christianisme ; on présentera ce dernier au cœur et à la raison, comme le plus raisonnable, le plus sage et le plus ancien des cultes de la terre habitée ; en montrant, comme nous l'avons fait, que les mystères chrétiens ne sont la plupart que des documens un peu plus étendus des mystères de la nature, et une manière moins nue, moins désespérante de présenter la vérité sous un jour plus consolant ; les autres dogmes intricables, pour la raison, seront donnés nominativement pour des secrets de Dieu, sans y rien ajouter d'humain. D'ailleurs, le fidèle sera instruit dans le sens strict de sa doctrine par son pasteur. Voilà, je crois, des moyens infaillibles de gagner au christianisme les sectaires qui assisteront à ces leçons publiques.

Je ne prétends point anéantir la théologie dogmatique pour les séminaires et les catéchismes ; mais je renouvelle mon vœu avec bien des sages pour qu'elle soit bornée au seul mot sacramental de chaque dogme impénétrable, avec la décision du dernier concile qui a fixé le sens dans lequel l'église l'a entendu, et pas un mot de plus de la part des hommes.

C'est ainsi qu'on tariroit la source virulente des dissensions religieuses, si meurtrières, si fatales au genre humain, à l'État. Et que nous a-t-on appris de plus que l'écriture, sur la trinité, sur la grace, sur le libre arbitre, sur la prescience de Dieu, sur la prédestination, sur la nature des peines et des récompenses, sur celle des bons et mauvais anges, sur la substance de l'esprit? Encore un coup, tenons-nous-en donc à l'écriture fixée dans le sens de l'église par un concile!

Qu'on se persuade bien que la France va être encore long-tems en religion bien différente de ce qu'elle étoit; chacun conservera bien du tems encore une teinte de la nouvelle manière de voir que lui a donnée le philosophisme, confirmée par la fatale variabilité de la foi de certains ministres de l'ancienne religion, et les leçons et l'apostasie de plusieurs. Voilà pourquoi j'insiste si fort sur la nécessité de ne présenter à tant de têtes différentes, que le langage universel de la raison ; c'est le jour le plus favorable sous lequel on puisse présenter le christianisme à des gens si différemment endoctrinés, tous si prévenus contre le dogme et les preuves scholastiques; gens avec lesquels il faut procéder aujourd'hui, comme si on commençoit une mission chez des peuples éclairés qui n'auroient entendu parler du christianisme que par nos philosophistes. Enfin, il faut reconcilier les Français avec leur religion ; et comme en cela on ne commande pas, il faut s'adresser à la raison pour persuader : toute roideur d'école à cet égard seroit mortelle ; on est rebuté, on croit en avoir des motifs ; c'est bien pis que si on étoit tout-à-fait ignorant ! Il faut beaucoup de raison, de rapprochemens, de douceur, et sur-tout de franchise ; le pédantisme perdroit tout ; le caffardisme dégoûteroit pour jamais. La raison seule en embrassant la sagesse sauvera tout ; c'est donc à elle à dicter nos livres classiques, et à professer dans nos écoles.

Mais tout dépend du retour du clergé à son ancienne institution. C'est de cette source pure ou viciée que découlera dans l'église la bonne ou la mauvaise doctrine, l'édification ou le scandale, la paix ou la guerre. Je vote donc pour qu'il y soit rappelé.

Quel est l'esprit de cette ancienne institution ? Le voici en deux mots : *persuader*, *édifier*.

Il me persuadera, avec beaucoup de raison, de douceur, d'étude, de méthode, de désintéressement, de zèle, d'obligeance, et sur-tout de *charité* l'ame que Jésus-Christ a soufflée de la sienne sur son église.

Il m'édifiera et me prouvera la vérité de sa doctrine, s'il me montre qu'il en est lui-même pénétré, si sa vie est franchement analogue à ses principes ; si un extérieur ouvert me laisse voir dans ses yeux et sur ses lèvres la vérité, la vertu, aussi pure, aussi aimable qu'il me l'annonce ; si son maintien décent sans roideur est plein d'aménité ; s'il ne manque jamais à son état, *decorum* si essentiel que la société y a attaché son estime ou son mépris dans les choses mêmes que la morale ne condamneroit pas dans tout autre. Le mot *decorum* exprime le beau extérieur, même idéal, de toute institution.

Nous avons une preuve bien déchirante de

de cette vérité, par où remontront à l'honneur dans l'opinion publique, ces malheureux prêtres, qui, au desir des athées, se sont laissés avilir; qui, à leurs ordres, ont anéanti l'esprit, la doctrine, et sur-tout la discipline du corps auquel ils tenoient, de l'église dont ils étoient les ministres et les docteurs, pour en créer une éphémère à laquelle le mépris des athées même a donné la mort tout en naissant. Hélas! donnons la main de l'indulgence aux foibles que la hache a fait faillir! Mettons-nous à la place des coupables, avant de les condamner dans tout ceci! L'ambition est le seul péché irrémissible.

Malgré tous ses malheurs, ce corps ancien, cette église inaltérable en est devenue plus belle; le bon bled s'est séparé de la paille, et les bons prêtres sont sortis comme l'or pur du creuset des tribulations, en y laissant ses scories pour un éternel exemple à l'ambition des mauvais prêtres.

Heureux si ces hommes vertueux ne perdent pas de leur prix en voulant trop le faire valoir! C'est précisément parmi ces élus que je crains de trouver des hommes, qui, piqués contre les abus de la raison, viendront la condamner elle-même, et apporter dans l'école les prétentions, l'âpreté et le langage de l'entêtement ou de l'orgueil, sous le masque de l'orthodoxie ; ils perdroient sur le champ à mes yeux la palme, la gloire de leur martyre, et le prix du mérite que la raison seule décerne et que la modestie conserve.

Puisque l'esprit primitif de l'institution du clergé est de *persuader*, je vote pour qu'il redevienne, selon cette institution, essentiellement *enseignant*, soit dans l'ordre pastoral, soit dans les écoles, selon ces paroles qui les constituent prêtres : *Allez, enseignez toutes les nations !*

De ce mot technique, qui exprime la fonction principale du clergé ; de ce principe de doctrine, qui n'admet dans l'église que le *corps pastoral* du premier et du second ordre, je conclus, sauf l'état et la propriété des titulaires anciens, et pour l'avenir seulement, au rejet de ce clergé moderne de cour qui, n'ayant pas trouvé de nom dans l'évangile, a pris dans le siècle celui de haut-clergé. On sent bien que je ne parle point ici des évêques et de leurs vicaires en exercice qui sont du corps enseignant ; mais de ces prêtres sans mission, de ces ecclésiastiques sans fonctions, de ces prélats hors la hiérarchie, de ces branches gourmandes qui épuisoient toute la sève de l'église, de ces étrangers méconnus du père de famille, qui en avoient usurpé toutes les richesses, tous les honneurs, pour ne laisser au clergé réel, aux enfans de la maison, que les travaux, la pauvreté, et ce qui est de plus injuste, le mépris.

C'est contre ces abus que les honnêtes gens qui vouloient réformer, et que les scélérats qui vouloient détruire et voler, crioient unanimement au moment de la révolution, abus qui ont failli donner le tort à l'ancienne église contre la nouvelle. Cette unanimité décide le procès au tribunal de la raison; il y a long-tems qu'il étoit décidé à celui de l'église. Jésus-Christ étoit trop sage pour instituer des ministres aussi nuls, aussi dérisoires!

Ainsi, l'évangile et les conciles à la main, je vote pour que le clergé chrétien, le *clergé pastoral* du premier et du second ordre, le seul qui ait des fonctions dans l'église, soit à la suite le seul qui y soit reconnu; mais avec un sort qui le rende, non-seulement indépendant des fantaisies du peuple qu'il doit enseigner, non-seulement exempt de tout calcul d'intérêt avec lui, mais respectable avec des moyens de bienfaisance. C'est, on le sait, par des bienfaits que l'on se concilie de la considération et qu'on persuade le plus efficacement ; c'est une des fonctions les plus douces et les plus nécessaires aux consolateurs des hommes, aux témoins habituels de leurs malheurs.

D'ailleurs, il est important pour la morale publique que ceux qui la prêchent aient un état aussi invariable qu'elle, à l'abri de tous besoins avilissans, qu'ils ne soient point aux ordres ni à la charge de ceux à qui ils l'enseignent, de ceux qui par leur puissance ou l'influence de leurs richesses sur la pauvreté, pourroient les faire varier selon leur intérêt.

Cette triste vérité a été démontrée jusqu'à la nausée, premièrement, quand le gouvernement, après s'être emparé des fonds, a livré les maîtres de la morale à toutes les humiliations qu'il a voulues, à toutes les rebufades et les impertinences des commis de ses bureaux ;

Secondement, lorsqu'en dernier lieu, après avoir cessé de leur jeter ce pain d'abjection, on les a forcé d'aller, couverts de haillons de toutes couleurs, tendre la main pour recevoir de leurs ouailles, le prix qu'elles voudroient bien mettre au culte qu'on leur permettoit d'exercer; lorsqu'on a achevé de les couvrir d'opprobres par des déclarations humiliantes en raison de l'opinion que les peuples y ont attachée. Tous traînent une vie misérable et abjecte dans les paroisses que jadis ils édifioient, ils protégeoient, ils obligeoient, avec lesquelles ils partageoient tout leur avoir.

Voilà le clergé qu'on aura, tant qu'on ne le rendra pas propriétaire incommutable et usufruitier d'un domaine indépendant quelconque attaché à chaque place. Je tire de ces déplorables vérités les conclusions suivantes, que je mets en principes :

« *Point d'État, point de morale publique,*
» *sans religion.*

» *Point de religion sans ministres, point*
» *de morale sans maîtres qui l'enseignent.*

» *Point de ministres respectables sans un*
» *revenu indépendant, tant de ceux qu'ils*
» *enseignent que de ceux qui pourroient les*
» *avilir.*

» Conséquemment, *point de gouverne-*

» *ment, point de mœurs, point de religion,*
» *sans ce retour à l'ordre primitif* ».

Toutes les déclamations qu'on s'est permises sur la pauvreté évangélique des premiers pasteurs de la religion, sont des mots vuides de sens qui ne prouvent rien contre cette économie, dont nos pères ont senti la nécessité aussi-tôt que la religion est devenue celle de l'État.

Avant, ce n'étoit qu'un ouvrage commencé, qui n'avoit point encore de constitution civile. D'ailleurs, les offrandes abondantes des premiers fidèles, proportionnées à leur zèle pour une nouveauté, étoient déposées aux pieds des autels pour être à l'entière disposition du clergé, ce qui fait dater son indépendance immédiate du moment de son établissement.

Le clergé ne peut donc être décent, persuasif, obligeant et édifiant qu'avec de justes moyens de vivre hors de la dépendance des peuples, et de l'influence immédiate d'un mauvais gouvernement sur ses premiers besoins. Le peuple ne peut être religieux, respectueux et confiant envers ses pasteurs, que lorsqu'il ne croira plus acheter d'eux, à vil prix, son instruction, son édification, son culte, auxquels il préférera toujours son intérêt direct, parce qu'il porte sur la vie présente.

Puisque l'exercice de la religion est utile à l'État, utile au peuple, il faut qu'elle soit salariée par l'un ou par l'autre. N'est-il pas de l'intérêt de tous qu'elle ait des fonds fixes qui ne coûteront rien à l'avenir ?

La religion chrétienne est trop chère, ont dit quelques fiscaux, en jetant un coup-d'œil de convoîtise sur ses propriétés, et en comptant mesquinement le peu que coûtent les ministres protestans. Mais le protestantisme est-il une religion, ses ministres forment-ils un clergé, une église ? Cette inconséquence est-elle proposable à une nation telle que la nôtre ?

Le clergé, tel qu'il a été fondé par son auteur, ne sera donc composé désormais que de pasteurs du premier et du second ordre, tous soumis au chef visible de l'église, sous l'autorité duquel on pourra, pour se restreindre au peu de moyens qui restent, n'établir des évêques que par huit cents paroisses, toujours sauf le droit des anciens titulaires; car le retour à l'ordre exige celui de la justice.

Un archevêque par huit diocèses, y compris le sien.

Un chapitre cathédral par diocèse, composé d'autant de prêtres qu'il y a de doyennés dans le diocèse, et qui aient tous au moins dix ans de service dans des cures, afin qu'ils soient en état de donner leurs avis sur le saint ministère, lorsque l'évêque les consultera. Ces chapitres auront pour dignitaires l'évêque et deux vicaires généraux.

Des curés pour toutes les communes au-dessus de mille ames dans les campagnes et de trois mille dans les villes.

Des vicaires de paroisses en raison des écarts et du nombre d'ames.

Des grands vicaires locaux ou *corévêques* par huit doyennés, avec un chapitre composé des curés qui auront obtenu leur retraite. Ces grands vicaires seront curés du lieu.

Des doyens par vingt-cinq paroisses. Il y aura une cure affectée au doyenné.

Enfin, quatre congrégations ecclésiastiques des deux sexes, en remplacement de tout le clergé régulier, qui ne fut point clergé dans la primitive église :

Savoir, 1°. comme nous l'avons dit plus haut, des enseignans des deux sexes;

2°. Des hospitaliers des deux sexes, qui tiendront aussi un pensionnat de retraite;

3°. Des disciplinaires hommes, pour les maisons de force;

4°. Enfin, des missionnaires hommes, suppléans au clergé pastoral, et la seule congrégation où l'on recevra l'ordre de la prêtrise, ainsi qu'il étoit d'usage lors de l'institution des moines.

Néanmoins, on doit aux religieux et religieuses des anciens ordres, un sort dans les nouvelles congrégations ou une retraite, à leur choix, pour y finir dans leurs engagemens une vie consacrée à la vertu et au Dieu qui la commande.

Pour mettre l'église de France sous un bel aspect, sous le lien de l'unité, et pour entretenir par-tout cette unité de doctrine, de mœurs, d'usages, de rits et de discipline, en un mot, le même culte; pour remédier aux inconvéniens que présentoient des diocèses décousus, indépendans les uns des autres, l'antique église gallicane, sur la convocation du souverain, de ses primats et sous leur autorité et celle du souverain pontife, se formera en concile national, qui nommera un bureau permanent pour le suppléer dans certains cas, lorsqu'il ne sera point assemblé.

Tous les évêques de France seront, comme ils doivent l'être, membres de ce concile qui néanmoins ne s'assemblera que lorsqu'il s'agira de former le bureau permanent représentant le concile, et dans les cas extraordinaires, comme pour prononcer sur un changement de discipline, ou lorsque le souverain le convoquera pour des raisons particulières.

Les évêques en concile, après avoir mûrement délibéré entr'eux, sans l'intervention d'aucun scholiaste, prononceront comme les apôtres au premier concile, *visum est Spiritui Sancto et nobis*, sans qu'il soit fait mention d'aucun docteur, d'aucun prélat hors de la hiérarchie : tems heureux et paisible où il n'y en avoit pas encore !

C'est à l'évêque seul à régir l'église, *posuit episcopos regere ecclesiam Dei*. Mais aussi pour régir, il faut autant de lumières que de vertu la prudence à la tête; cependant ces lumières se bornent à du bon sens, et à la connoissance de la doctrine et des dernières décisions de l'église sur chaque point; elles n'embrassent pas les difficultés pointilleuses de l'école. Plût-à-Dieu que celle-ci n'eût jamais influencé les conciles ! Nous en serions encore à la simple doctrine sortie de la bouche de Jésus-Christ; et sûrement les bûchers de Constance n'eussent point été allumés, et le concile de Trente eut fait raison à l'église et aux protestans de la réforme du clergé, dans son chef et dans ses membres, si nécessaire alors.

Le souverain pontife pourra user de son droit en envoyant des commissaires à ce concile, sauf les droits de notre église si sagement exprimés dans les quatre articles du clergé ; c'est toujours au bureau, ou à son président faisant les fonctions de primat de l'église de France, qu'il enverra ses bules et ses rescripts, le bureau les communiquera au souverain pour avoir son attache avant de les envoyer comme loix de l'église ; s'il s'agissoit d'innovations, on assembleroit le concile; les métropolitains recevront ces rescripts du bureau, et les feront passer aux évêques.

Ce concile fera faire sous ses yeux le choix des paroles de l'écriture les plus sensiblement analogues à chaque solemnité, pour en composer l'office. Il proposera un travail et un prix pour la composition des hymnes, oraisons, etc. L'ouvrage le mieux fait, le plus touchant, le plus majestueux, mais aussi le plus sage, le plus intelligible, procurera le prix à son auteur, et son nom sera en tête de tous les livres d'office. On composera aussi un cérémonial universel, par-tout uniforme; un catéchisme dogmatique aussi universel; le catéchisme de morale pour toutes les écoles sera arrêté par l'église et par l'État, de concert.

On fera un examen critique et sevère de l'histoire de tous les saints qu'on proposera *difficilement* à la vénération publique; tout ce qui ne sera pas parfaitement prouvé et *présumable* en même-tems, tout ce qui sera surchargé d'un merveilleux révoltant, sera supprimé du diptique des saints proposés à la vénération de l'église de France; une de nos libertés sera de n'admettre de tous les canonisés à Rome, que ceux que l'église gallicane jugera à propos d'adopter pour être proposés à la vénération publique.

Méfions-nous, dans cette critique, des sources qui passent pour les plus pures!

Fleury, dans le cours de son histoire, n'est point le Fleury éclairé de sa superbe préface; c'est de ce défaut de critique dans son ouvrage, que Voltaire a triomphé le plus justement.

Le renoncement à soi-même conseillé dans l'évangile, loin d'aller, comme certains moines l'ont prêché, jusqu'à l'abjection, est au contraire un stoïcisme religieux qui va jusqu'à commander aux passions et à la sensibilité même, dans les grandes occasions; c'est un héroïsme, un courage, une résignation forte, et non un avilissement indigne de l'homme.

Quand on veut commander à des esclaves, on sanctifie la bassesse ou l'abjection qui sont synonimes. Mais si ce fut-là, malheureusement dans des siècles barbares, la politique et l'intérêt de la cour de Rome, lorsqu'elle disposoit du monde ignorant; graces au ciel ce tems n'est plus, et nous devons nous opposer de tout notre pouvoir aux efforts que les cafards en politique comme en religion, font déjà pour le ramener.

Revenons à la formation et aux fonctions du bureau du concile! Il sera composé d'un président triennal du concile, qui sera tour-à-tour et par ancienneté l'un des archevêques; de quatre assesseurs, tous évêques nommés à la pluralité des suffrages au scrutin secret, par tous les autres évêques en concile.

Ce bureau, sous l'autorité du souverain pontife et la surveillance de l'Etat, réglera l'église nationale de France, seulement pour tout ce qui concerne l'*uniformité* de doctrine, de discipline, de rits, et de culte. Tous les évêques et leurs diocèses lui seront soumis à cet égard; il aura droit de visite et de reforme pour cette uniformité dans chacun.

Ce bureau ne se renouvellera, pour les quatre assesseurs, que tous les six ans, dans l'assemblée du concile national qui se tiendra à cette époque; tout se décidera en bureau comme en concile, à la pluralité des voix; le président n'aura que le suffrage du débat, mais il aura la préséance et la police.

Le métropolitain fera la visite de sa province ecclésiastique, en trois ans; c'est par lui que passeront les ordres et décisions du bureau du concile, et les représentations, arrêtés, et réponses des diocèses de sa province, pour y donner son avis et avoir la sanction du bureau, qui déclarera seulement ces arrêtés *conformes ou non* aux loix et usages de l'église gallicane.

Les évêques feront en deux ans la visite des cures et établissemens pieux de leur diocèses, et enverront leurs arrêtés au métropolitain, pour être visés par le bureau, avant d'avoir leur exécution.

Les grands vicaires locaux feront tous les ans la visite des doyennés de leur arrondissement, et en rendront compte aux vicaires généraux, près l'évêque.

Les doyens feront également, tous les ans, la visite des paroisses et établissemens pieux de leur doyenné, et en rendront compte aux grands vicaires locaux.

Les paroisses destinées aux grands vicaires locaux et aux doyens, seront dotées en conséquence : ils seront, les uns et les autres, inamovibles, et on ne nommera à leurs places qu'en cas de mort, de retraite ou de forfaiture ; ce dernier cas est le seul qui puisse raisonnablement déterminer l'évêque à leur retirer ses pouvoirs.

Les curés feront leur visite pastorale, dans tous les écarts et lieux pieux de leurs paroisses.

Les dépenses du culte, de réconstruction

d'église et de presbytères seront arrêtées définitivement, dans toutes les visites ci-dessus désignées, si tout cela peut à la suite se faire aux frais de l'église, comme il seroit fort à desirer; mais si les peuples y contribuent, les intéressés seront convoqués et entendus; néanmoins, leurs oppositions n'arrêteront point un ouvrage jugé nécessaire, les supérieurs y feront droit conjointement avec un commissaire de l'État.

Mais, au nom du Dieu de paix, plus d'assemblées de fabriques de paroisses! sources empoisonnées de dissentions immorales et scandaleuses, souvent absurdes, entre les curés et leurs paroissiens; le peuple qui n'a ni le goût, ni les connoissances, ni le zèle qu'il faut pour juger de ce qui convient le mieux au culte, ne sait que prétendre, contrarier, et mal asseoir les dépenses.

J'ai parlé ailleurs de l'influence qu'il convient de donner au clergé, dans l'administration des établissemens de charité et d'instruction publique; je ne me répéterai point ici: on sentira bien que l'œil de la religion et son esprit doivent suivre toutes ces institutions morales! et si on en doutoit, je renverrois à l'examen de ce qui se passe aujourd'hui aujourd'hui dans le peu qui nous en reste.

Le président du concile sera à la tête d'une église nommée *primatiale* de France, et d'un chapitre imposant, à la nomination du bureau ; les quatre commissaires en seront les dignitaires par rang d'ancienneté, il n'y aura pas d'autre primat que celui-là.

Toutes les églises métropolitaines et épiscopales auront un chapitre composé comme nous l'avons dit. Les chapitres métropolitains auront pour dignitaires, les deux vicaires-généraux métropolitains, et les deux vicaires-généraux diocèsains.

Les chapitres épiscopaux auront pour dignitaires, les deux vicaires-généraux diocèsains, l'évêque en sera le chef; si on lui accorde un tribunal contentieux, l'official et le promoteur seront aussi des dignitaires du chapitre. Ces nouvelles dignités ne sont qu'un retour à l'esprit de l'église, qui ne veut plus de prélatures inutiles, ni des dénominations claustrales des anciennes dignités. Quelle dignité, je vous prie, que celle d'un célérier de maison, d'un chantre de chœur !

Tous ces vicaires-généraux seront à la nomination de l'évêque ; mais une fois nommés, ils seront inamovibles, et leurs prébendes seront doubles. Les vicaires-généraux près les évêques recevront la correspondance des grands vicaires locaux, et en feront leur rapport à l'évêque, qui prononcera librement et d'office; mais qui sera tenu, sous peine de nullité, de le faire en plein conseil, après avoir pris l'avis de ses vicaires-généraux, et de tout son chapitre en certains cas, sans être pour cela astreint de s'y conformer.

C'est ainsi que, dans les beaux siècles de l'église, l'évêque consultoit son clergé. L'église schismatique avoit voulu remonter à cet usage; mais, comme c'est le propre de l'erreur de passer toutes les bornes, l'évêque n'étoit plus, selon l'écriture, le *recteur* de l'église; il n'avoit que sa voix comme un simple prêtre dans son conseil, ce qui n'étoit donc qu'un presbitéranisme, bien différent de l'église de Jésus-Christ!

Pour que les chapitres épiscopaux soient composés d'ecclésiastiques en état de donner des conseils sur l'administration, ainsi que nous l'avons dit, nul ne pourra y être admis qu'il n'ait dix années de service dans une cure, qu'il n'ait quarante ans au moins, et cinquante-cinq au plus. Passons aux nominations à toutes les places de l'église !

Les nominations populaires ont prouvé complettement par les mauvais choix qu'elles ont faits, la sagesse de la discipline ancienne de l'église qui les avoit reformées, quoique moins vicieuses alors, étant toujours dirigées par le clergé ; l'église avoit fait d'autres dispositions auxquelles on ne pouvoit toucher, sans son aveu, sur un objet de sa discipline, qui regarde de si près le ministère et le salut des peuples qui lui sont confiés.

Des prêtres qui intriguent, qui s'avilissent, pour entrer dans un ministère si pur, et d'une si haute considération ; des peuples à qui leur pasteur, leur maître en morale, est redevable de sa fortune, de sa place ; c'est une nouveauté désordonnée, un moyen d'avilissement que l'on introduisoit avec connoissance de cause, dans l'église dont on vouloit la ruine, et dont on convoîtoit la fortune.

D'un autre côté, il faut l'avouer, les nominations laïques, et celles de tous corps ou bénéficiers qui ne tenoient point au ministère, étoient elles-mêmes des innovations à l'esprit de l'église, un peu moins modernes que ces dernières, mais qui avoient aussi de grands inconvéniens, auxquels l'évêque qui avoit la main forcée par mille formalités, pour l'institution canonique, ne pouvoit remédier. On sait quels sujets ces nominations présentoient la plupart du tems à ces places importantes; par quelles voies et quels motifs ces places s'obtenoient, et les maux infinis que des sujets d'un tel choix ont causés à l'église, dans ces derniers tems!

Les fondateurs de bénéfices, sur-tout à charge d'ames, qui ont eu certainement en vue de faire une bonne institution en faveur des peuples et de la religion, ne sont pas, aux yeux de la loi, censés avoir voulu détruire leur propre ouvrage par la reserve qu'ils ont faite de la nomination; cette condition et étant devenue destructive contradictoire de l'objet principal qu'ils avoient en vue, elle peut être regardée comme non avenue, ou reformée comme devenue vicieuse et nuisible; d'ailleurs *toute réserve contre l'intérêt général, la religion et les bonnes mœurs, toute disposition qui anéantit le but de son institution, doit être interprêtée par la loi en faveur de l'institution même; c'est un principe de droit*:

comme c'en étoit un autre de ne point anéantir l'objet principal d'une bonne institution, encore moins de toucher aux propriétés qui sont consacrées, attachées, passées à cet objet utile.

Nos publicistes avoient fait un droit vénal de propriété, de ces nominations aux places du saint-ministère ; si on a cru sérieusement avoir acheté un tel droit avec la terre à laquelle on l'a attaché, et en avoir payé le prix dans celui de l'achat de cette terre, qu'on indemnise donc la bonne foi qui a été jusque-là ! Il ne faut avoir rien à se reprocher.

D'après ces principes de droit public et d'équité, je vote pour que l'église, sans retourner tout-à-fait aux inconvéniens de la pragmatique sanction, prenne les dispositions suivantes, pour la nomination à toutes les places ecclésiastiques, si on juge comme moi, qu'elle pare aux inconvéniens des deux autres : « les nominations populaires et les collations laïques ».

1°. Que les églises cathédrales présentent au souverain trois sujets *de gremio* choisis au scrutin secret, parmi les plus dignes de remplir la chaire épiscopale. Le souverain fera son choix, et présentera celui des trois qui lui agréera le plus à l'institution du souverain pontife. Si l'ordre du vrai mérite avoit lieu, les ecclésiastiques qui auroient obtenu les croix de la première classe, seroient seuls éligibles à cette place éminente ; ainsi des autres places destinées aux autres classes.

2°. Les évêques nommeront leurs vicaires généraux reférendaires, parmi les membres du chapitre dont ils deviendront dignitaires; et leurs grands vicaires locaux, parmi les curés et doyens de l'arrondissement où ils sont départis.

3°. Il y aura dans le chapitre de la cathédrale, autant de chanoines qu'il y aura de doyennés dans le diocèse, et chaque doyenné, tour à tour, à mesure de la vacance des canonicats, présentera à l'évêque trois sujets choisis au scrutin secret, parmi les curés du doyenné qui auront l'âge, le tems de service et les qualités réquis pour prétendre aux premières dignités de l'église. L'évêque donnera l'institution canonique à celui des trois qui lui agréera.

4°. Les curés des doyennés présenteront aussi par élection trois sujets à l'évêque, parmi lesquels il nommera et instituera le doyen dans la cure qui lui est destinée.

5°. Le quart des cures par doyenné, sera à la nomination pure et simple de l'évêque, pour récompenser et placer qui bon lui semblera ; c'est un moyen d'exciter l'émulation, et d'attacher à sa place la considération qu'on lui doit :

Pour le second quart, aussi par doyenné, le chapitre cathédral, présidé par les deux vicaires-généraux référendaires, présentera trois sujets à l'évêque :

Pour le troisième quart, les grands vicaires locaux présenteront aussi trois sujets à l'ordinaire :

Pour le quatrième quart, les curés du doyenné présidés par le doyen, présenteront aussi trois sujets à l'évêque, qui admettra le plus digne.

Si, dans toutes ces présentations, aucun des trois présentés, faute de capacité ou de mœurs, n'étoit point agréé, on pourra exiger une nouvelle élection, en alléguant toutefois des faits prouvés.

6°. Pour les places de retraites, les grands vicaires locaux indiqueront à l'évêque les curés âgés ou infirmes qui sont dans ce cas, et l'évêque les instituera chanoines de l'église de la grande vicairerie de l'arrondissement. Ils ne seront tenus à l'office paroissial, qu'autant que leurs infirmités n'y mettront point obstacle.

Je crois que cette disposition sage remédieroit aux inconvéniens des deux derniers modes employés dans l'église ; il me semble qu'elle donne du crédit et de la considération aux dignitaires ecclésiastiques, et pourvoit à ce que chacun soit mis à sa place avec connoissance de cause ; par là, les jeunes vicaires, sous l'œil immédiat de leurs collateurs, ont à ménager leur curé, leur doyen, les grands vicaires locaux, les vicaires-généraux, le vénérable chapitre épiscopal et leur évêque.

Je ne prétends pas que ce nouvel ordre soit sans inconvénient ; où n'y en a t-il pas? mais je pense qu'il y en auroit bien moins que dans tout ce que nous avons vu jusqu'ici.

Puisque le seul chemin qui conduit à l'épiscopat et aux dignités de l'eglise, est de passer par le ministère important et infiniment respectable des pasteurs, des amis des hommes ; je pense que cet ordre intéressant sera composé à l'avenir des sujets les mieux éduqués; que les familles importantes ne couvriront plus d'un sot mépris un état qui veille au bonheur de la société, à la pureté des mœurs et à la perfection religieuse; et qu'enfin personne dans l'église ne s'honorera plus de sa fainéantise ou de son inutilité.

Les congrégations ecclésiastiques seront sous la jurisdiction de l'ordinaire; il n'y aura, comme nous l'avons dit, que les membres de celle des missions qui seront ordonnés prêtres; toutes seront sans église, et assisteront aux offices de la paroisse pour en augmenter la pompe et l'édification : alors le peuple ne sera plus distrait de son église pastorale, par des dévotions monastiques.

Ces missionnaires seront envoyés par les évêques et leurs vicaires-généraux, pour suppléer aux fonctions des curés infirmes, ou absens avec permission; pour faire leur cours de sermons dans les églises cathédrales ou les principales églises des villes considérables; pour aller en mission dans des cantons qui l'exigent; pour être attachés aux armées, aux hôpitaux, etc.

Ces missionnaires seront aussi versés dans

le droit, dans la connoissance des loix et l'éloquence du barreau, pour aller à la réquisition des bureaux de charité, défendre devant les tribunaux la cause des malheureux, qui leur sera confiée, ou pour consulter pour eux.

La congrégation des enseignans tiendra, outre les écoles dont nous avons parlé ailleurs, les séminaires où l'on ne formera plus de disputeurs controversites, où l'on ne permettra plus d'ajouter au langage divin, un seul mot du langage barbare de l'école; on y donnera une théologie composée dans les principes de la doctrine de l'église, mais dans le sens de l'écriture, fixé par les conciles, et non dans celui des hommes qui les ont commentés; on y donnera une morale parfaitement discutée avec le droit public et la connoissance des loix; on y enseignera le bel art de la chaire, rendu plus sentimental que dogmatique, les rits, loix, usages, cérémonies et discipline de l'église, le chant avec goût et expression.

On formera les jeunes ecclésiastiques à un maintien grave, mais naturel et aimable; on leur inspirera tant de goût pour la *charité chrétienne* que leur face en paroîtra toujours animée ; on leur donnera un grand fond d'éducation, la connoissance des usages indispensables de la société, beaucoup d'aménité, c'est la clef des cœurs. On leur fera faire un cours de géométrie pratique, un d'anatomie avec les principes de santé, et un d'agriculture, c'est la clef de tous les intérêts en se rendant utiles : on suppose qu'ils auront fait une bonne physique avant d'entrer au séminaire et qu'ils auront une parfaite connoissance de leur langue.

Voilà les hommes utiles qu'il faut envoyer pour éclairer, toucher et conduire d'autres hommes. Que le cafardisme et la dureté de caractère soient considérés comme des défauts qui donnent aussi bien que l'immoralité, l'exclusion de ce bel état ! rendons toute son étendue, toute son énergie à cette précieuse maxime du droit canonique, « *ecclesia* » *abhorret à sanguine !* » que la moindre opinion ouverte qui tende directement ou *indirectement* à la destruction ou aux tourmens des hommes, fasse encourir au monstre tonsuré qui l'aura prononcée, l'irrégularité la plus flétrissante, *ipso facto*, portée par des canons qui n'avoient plus pour nous la signification de la sagesse qui les a dictés !

Si cette maxime avoit toujours été en vigueur, on eût moins entendu dans l'église de cris à l'*anathême*, au bûcher, pour des opinions que les flammes ne consument point, que la raison seule peut rectifier, et que les tourmens ne font qu'opiniâtrer.

On ne fera des prêtres, comme dans les beaux siècles de l'église, qu'à mesure qu'il y aura des places à remplir; nul prêtre sans titre, nul titre sans utilité, sans mission.

Dans toutes les congrégations, les membres se consacreront, se dévoueront, s'engageront à leur état et à l'église dans une cérémonie religieuse. Si l'on consulte plus la nature de l'homme que l'intéret public, on n'exigera que des engagemens temporaires; il est difficile de concilier le vœu perpétuel avec la faillibilité humaine et ses autres facultés, dans un ordre de choses qui les contrarie; mais je conviens de l'avantage pour la société de ces sortes d'engagemens; il me semble que ce que je propose est conciliatoire dans l'état de destruction totale où sont les choses; il m'est bien permis, sans doute, de faire des vœux pour la perfection de la religion de mon pays, pourvu qu'ils n'en altèrent point l'esprit et que je les soumette, comme je le fais, aux autorités de qui leur exécution dépend. Mon cœur s'émeut à la douce pensée que tout ce que je propose est possible; mais l'éloignement où je vois ce retour me pénètre aux larmes, parce que celui des mœurs et du bonheur de mes compatriotes y est étroitement attaché.

Mais l'amour de l'humanité entière porte mes vœux au-delà même de mon pays, pour la conservation d'un édifice religieux qui intéresse tous les peuples, et sur lequel la massue révolutionnaire est levée.

On sent bien que je veux parler du *souverain* pontificat établi à Rome, depuis l'origine de la religion, et reconnu indépendant de toute puissance par le plus sage de nos rois de la seconde race. C'est la paternité sacerdotale de toutes les nations, instituée par Jésus-Christ, même la sagesse incarnée; c'est le point de réunion et le moyen de pacification de la famille universelle qui habite la terre, la protection céleste de tous les peuples contre l'abus du pouvoir des princes qui les dominent; c'est le frein bénin et salutaire de la morale publique contre les excès trop ordinaires de la politique et de la force, ainsi que de la révolte des sujets contre l'ordre établi ; c'est le seul tribunal divin où puisse se porter la cause du genre humain et plaider ces procès sanguinaires de nation à nation , où leurs intérêts peuvent être conciliés , où l'état foible peut trouver un médiateur qui fasse sa paix avec un voisin trop puissant ; c'est ce point où le ciel et la terre se touchent , le centre d'une religion universelle qui tend à détruire toutes les fureurs de sectes et à ramener les hommes par les liens de la charité chrétienne à une union , une fraternité dont la spéculation est digne de la sagesse de celui qui en a tracé le plan.

Est-elle utile au genre humain qui s'égorge depuis des siècles pour la différence de religion , cette institution qui les appelle sans cesse à l'unité , à l'identité de culte envers le même Dieu ? et cette religion universelle peut-elle exister , si son chef suprême est sujet dépendant d'un prince ? Quelle confiance les autres nations auront-elles en ce chef courbé sous une puissance qui a d'autres intérêts ? Et que deviendra la morale générale s'il est au pouvoir d'un gouvernement , d'un Cabinet politique, de la faire interpréter à son gré ? De quel poids seront à l'égard des souverains qui abusent , les représentations paternelles, les offres de médiation d'un sujet sous le sceptre de son rival? Que deviendra l'intérêt du peuple, la religion nationale sous la puissance sans bornes, sans médiation du plus fort?

Il est donc de l'intérêt, non-seulement de la religion, mais de la politique, mais de l'humanité que le chef d'une religion universelle soit indépendant des princes particuliers.

Faut-il que la soif de dominer un point imperceptible de la terre, une bicoque, engloutisse dans ses usurpations injustes un établissement aussi sage, aussi ancien, aussi légitime, qu'il faudroit inventer pour le bonheur des hommes, s'il n'existoit pas?

Mais, me dira-t-on, il a abusé horriblement de son indépendance, il le pourroit encore; est-il prudent, est-il politique de laisser subsister le foyer de tant d'incendies!

Non, il ne faut point laisser subsister de foyers d'incendies; mais pour cela faut-il détruire, quand il suffit de réformer?

Que la souveraineté temporelle du chef de l'église, bornée à ses petits États, tire toute sa force de la convention générale, de la protection et de la garantie spéciale des princes de l'Europe, et n'ait aucune force réelle et dangereuse ?

Que l'influence politique et religieuse de sa puissance spirituelle, rentrée dans l'esprit de son institution, soit surveillée et réglée de manière à ne pouvoir plus abuser ? Que son autorité paternelle, enchaînée aux principes, ne puisse empiéter sur le monde politique, et ait toute sa plénitude pour le bonheur du monde moral ? Les autres puissances de la terre pourront-elles encore convoîter le petit coin de terre où celle-ci peut opérer tant de bien ; et détruire en un instant ce qu'on auroit à regretter dans tous les siècles ?

Il ne s'agit, pour opérer cette heureuse réforme, que de remonter à l'institution de cette première dignité de l'église ; et, en considérant le souverain pontife comme le successeur du prince des apôtres, de ne former le collége apostolique que des évêques successeurs de ces derniers ; de les rendre les seuls éligibles à cette suprématie religieuse et les seuls électeurs par députation du chef de ce collége.

Que cette députation forme à Rome le clergé et le conseil pontifical ! Les évêques de de chaque nation enverroient par tel nombre d'évêché un député à Rome.

Le pape entourré, surveillé, conseillé par tous ces députés des différentes nations, ne pourroit plus spéculer ni entreprendre contre leurs intérêts ; et la religion auroit un esprit public, un moyen d'union et d'uniformité qui empêcheroit à jamais le retour des abus.

C'est alors que le souverain pontife, sage comme la Divinité qu'il représente, pourroit faire aux souverains, pour les intérêts de la morale, de la religion et de l'humanité, les représentations, les objurgations et même les menaces d'un châtiment paternel qui puisse sauver les peuples et ramener les souverains à l'autorité des principes qu'il importe si fort qui soient supérieurs à leur autorité purement réglémentaire.

Qu'un Italien ne soit pas exclusivement le père commun du genre humain ! et qué des Italiens ne soient pas en majorité les seuls représentans des apôtres pour son élection et former son conseil ! Que l'on nomme si l'on veut *cardinaux* nos députés à Rome ! mais qu'une puissance étrangère ne puisse plus séduire nos ecclésiastiques, nos ministres, par l'appât d'une dignité qui leur a fait si souvent trahir les intérêts de leur patrie pour flatter l'ambition des papes! Conservons enfin le seul lien qui unit la société universelle!

CHAPITRE IX ET DERNIER.

Examen d'une question qui n'eut jamais dû être proposée.

J'aborde une question aussi immorale que dangereuse, qu'on a proposée comme un théorême à résoudre dans ce siècle indiscret où l'on a tout dit pour tout oser : si elle n'avoit été présentée à la curiosité de l'esprit humain, entre tant d'autres imprudences, que par nos discoureurs, je ne la releverois pas, ou je n'y répondrois qu'en montrant les ruines que leurs indiscrétions ont provoquées dans leur pays ; mais cette question a été trop sérieusement offerte à l'investigation des penseurs, par des auteurs graves, bien opposés à ceux-là ; elle a paru trop imposante aux gens qui se croient des lumières, de la philosophie, de la morale, même de la religion ;

elle a encore trop de crédit en politique et dans l'école, pour la laisser sans réponse dans un ouvrage où l'on rappelle aux principes ceux qui s'en sont éloignés ou qui en ont été déviés. La voici telle que je me la rappelle ; elle a été dans tous les journaux littéraires du tems.

N'est-il pas utile en politique (on n'a pas osé dire, et en religion), *n'est-il pas même nécessaire que le peuple soit trompé?*

Qui le croiroit! la majorité des penseurs a répondu affirmativement. Ce qui prouve bien qne la majorité des penseurs étoit déjà démoralisée.

Comme, d'un côté, cette affirmative absout et les fripons les plus madrés en politique, qui prétendent sans remords leurrer la crédulité du peuple, employer tout moyen pour soutirer sa fortune, et sacrifier sa vie même à leur intérêt du moment, et les plus noirs imposteurs en religion, qui prétendent se substituer sans crimes à la Divinité même, pour faire trembler le peuple et abuser à ses dépens

Comme, d'un autre côté, il est reconnu que rien n'est si dangereux, pour le salut de la société entière, que de toucher aux anciens préjugés du peuple, à ses usages en politique comme en religion, on sentira que ce n'est pas sans raison que je considère cette question comme infiniment délicate ; je l'eusse laissée sans réponse, si, dans ce moment opportun, je n'écrivois pour le bonheur de ma patrie, sur les ruines de tous les préjugés comme de toutes ses meilleures institutions ; et si je ne croyois pas le danger imminent de voir au retour des choses cette questiou passer en maxime.

Pour procéder avec prudence à l'examen d'une telle proposition, et avant d'y répondre directement, j'établis quelques principes préliminaires qui en rendront la solution moins dangereuse et plus claire.

Premièrement, je pose en principe ce que les sages qui nous restoient dans les derniers tems avoient mis en maxime :

« *Il faut tout faire pour le peuple et rien* » *par lui* ».

C'est la traduction la plus vraie, la plus littérale que nous ayons de ce principe de droit : « *Salus populi, suprema lex esto* » : maxime si mal rendue par nos petits politiques, par nos méchans philanthropes.

Voulez-vous une preuve sans réplique de ce que j'avance ? Voyez ce qu'on a fait par le peuple ! voyez ce que le peuple a fait par lui-même ! voyez si le choix de ses prétendus sauveurs a été heureux ! voyez s'il se connoît en hommes d'État ! voyez enfin si son salut est fait ! Hélas ! qui le fera ; et qui l'aura même sincèrement et uniquement en vue, si Louis XVI, en voulant l'opérer par son peuple, s'y est perdu avec lui ?

On ne peut répondre à ces deux dernières questions que par deux autres : « Quand le » peuple aura-t il affaire à un gouvernement » dont l'intérêt soit nécessairement lié au » sien ? et quand la politique donnera-t-elle » franchement la main à la morale ?...... »

Secondement, je pose encore en principe : » *Qu'on ne doit dire au peuple que la vérité*; » *mais que son bonheur, son salut exige* » *quelquefois qu'on ne lui dise pas toute* » *vérité* ».

D'où je conclus, 1°. que tous les imposteurs en religion, tous les fripons en politique, qui ont perverti la vérité et la morale primitives, qui ont trompé le peuple et lui ont fait des préjugés qui blessent l'une et l'autre, sont des ennemis du genre humain inexcusables sous tous les rapports.

Mais comme les modes de gouvernement et de culte tiennent presque tous dans ce monde à des systêmes politiques et religieux, qui sont les seuls liens des sociétés nationales, liens qu'il est infiniment dangereux de dénouer, lors même que c'est une main perfide et mensongère qui en a serré les nœuds depuis des siècles;

Je conclus, 2°. que tout sage qui, sans trop approcher la lumière de ces œuvres de ténèbres consacrées chez les peuples, a su les mettre sous un jour mystérieux favorable à la vérité qu'il leur présente sous ces emblêmes antiques, loin d'être un imposteur, est au contraire le restaurateur de la vérité, l'ami des hommes et de leur repos.

Il purifie et détruit le mensonge en le faisant servir de voile à la vérité; ce qui suffit pour tranquilliser les ames délicates, fixer à une bonne institution les esprits qui pensent, ramener ceux que le mensonge avoit scandalisés, en attendant que les autres s'éclairent.

C'est ainsi que les sages de tous les tems, en présentant la vérité à leur siècle sous des apologues ou des mystères, sont parvenus à la faire entendre des bons esprits sans effaroucher les foibles. C'est ainsi que bien des abus ont été supprimés en politique comme en religion ; c'est ainsi qu'ils ont fait disparoître du temple de nos pères ces autels sanglans, où on égorgeoit leurs enfans à d'affreuses divinités ; c'est ainsi que le despotisme barbare de nos premiers vainqueurs avoit fait place à une monarchie douce et éclairée par les loix et l'influence des corps qui en étoient les dépositaires ; c'est ainsi enfin que l'auguste vérité, chassée de la terre par les imposteurs, redescend lentement des cieux à la voix des sages, et passe, mais plus lentement encore, des têtes les mieux organisées dans les têtes communes.

Certainement, il n'est nulle morale, quelque sévère on l'ait faite, qui confonde avec l'imposture la prudence qui se conforme à la lenteur de la marche de la vérité, pour la rapprocher doucement, à la faveur d'un voile antique, des yeux foibles du peuple accoutumé à ne voir qu'à travers ce voile.

Ah ! si le curé Mélier et ses semblables eussent au moins envisagé le vrai sous ce point de vue, ils n'eussent pas eu la bassesse de se mettre au rang des imposteurs, et de flétrir, par une déclaration aussi avilissante, et leur état et la religion de leur pays.

Cela posé, j'aborde sans crainte la difficulté, et je fais même de ma réponse à cette question un principe de morale ; je dis : « *Non, il ne sera jamais permis, jamais* » *utile, jamais nécessaire de tromper le* » *peuple en politique, non plus qu'en re-* » *ligion* ».

L'idée seule d'un Dieu, les loix éternelles de la nature, ses inspirations sages au cœur et à l'esprit humain, la raison, la morale, l'intérêt public et particulier, à plus forte raison la religion, commandent impérieusement le vrai, et mettent unanimement le mensonge au rang des contradictoires les plus monstrueux.

Rien n'est si intéressant au bonheur, à la dignité de l'homme, que de ne point être dupe d'un fripon, d'un perfide ; j'en donne pour preuve physique à mon lecteur, le mouvement spontané d'indignation qui soulève son cœur, lorsqu'il s'apperçoit qu'on l'a fait dupe.

Rien n'est donc si injuste en politique, si avilissant en morale, si impie en religion que de tromper ! Je n'en veux d'autre preuve expérimentale, que le mépris universel, la perte de toute estime, de toute confiance, dont le trompeur est tôt ou tard infailliblement frappé par la société entière.

Et de fait, où est le gouvernement, si fin qu'il ait été, dont la fausse politique n'ait été déçue ; et le moyen de se rendre impénétrable, quand l'œil perçant de tous les intérêts est continuellement ouvert avec inquiétude sur toutes ses manœuvres ?

Où est le peuple qui, après avoir été dupe, conserve la moindre confiance dans un gouvernement où les fripons conspirent contre ses intérêts ?

Que sont devenus ces gouvernemens fameux qui ont le plus abusé de la confiance publique ? A la première crise, les peuples les ont abandonnés ; à la première secousse, isolés de la force réelle, ces colosses de pure convention ont manqué par leurs pieds d'argile ; ils sont tombés avec fracas aux cris de l'indignation des peuples, pour servir de leçons, souvent inutiles, à ceux qui sont encore debout.

Quoique l'amour du merveilleux, la curiosité piquante sur les grands secrets de la nature, la crainte des puissances invisibles, servent à merveille l'imposture en religion, et la rendent bien plus durable qu'en politique; néanmoins ces imposteurs impies n'en sont pas plus avancés; les hommes qui pensent les ont bientôt connus, et tôt ou tard ceux qui ne pensent pas reçoivent la vérité de ceux-ci. Alors, rien n'est comparable à l'indignation, à la fureur avec laquelle ils conspuent, ils brisent l'idole dégoûtante qu'on leur a fait si long-tems adorer.

Je ne connois point d'institution dont les ministres soient plus intéressés à être vrais, à persuader par des preuves irréfragables, qu'en religion. Rien n'est si sévère que le peuple en maximes, et c'est avec cette sévérité qu'il juge ses maîtres en morale; il les surveille toujours d'un œil jaloux; et au premier apperçu d'un mensonge dogmatique ou pratique, il les pulvérise, et jamais ils ne se relèvent de cette chûte.

Je conviens que ces grands coups ne se frappent que dans une série de siècles ; mais le bras des dupes, comme celui de la mort, est toujours levé jusqu'à ce que l'heure sonne.

Mon principe reste donc dans toute son intégrité, dans toute son activité désolante pour le trompeur.

La vérité est la seule base solide sur laquelle puisse se soutenir l'édifice social et religieux ; c'est le seul titre authentique du pouvoir sacerdotal et politique, le seul qui puisse triompher des recherches malignes de la jalousie, le seul qui puisse assurer à l'un et à l'autre un état permanent.

En un mot, si la vérité n'est pas inviolable, la morale ne l'est pas non plus ; et dans ce cas où en serions-nous? Tant les principes sont urgens.

Pour appliquer ceci à ce qui nous regarde en religion, qu'on ne perde pas de vue l'état de chûte et de corruption où se trouvoient toutes les religions de la terre, lorsque le christianisme a paru! Qu'on se rappelle qu'il n'a été établi que comme la perfection de toutes, et spécialement de la plus ancienne, en remontant par elle à la vérité primitive, de manière que la religion chrétienne est la religion originelle ; que ses mystères présentent les plus profondes et les plus heureuses idées sur les secrets les plus impénétrables et les plus désespérans de la nature ; secrets qu'elle permet à la philosophie systématique de sonder, et sur lesquels les systêmes philosophiques et religieux de tous les siècles, de toute la terre, ne présentoient que les rêves du délire ! Et l'on verra si, en rapprochant les principes que nous avons établis dans ce chapitre, on a pu sans blasphême, dans ces derniers tems, accuser d'imposture le fondateur si sage, si simple, si vrai du christianisme ! Tandis qu'il y a près de dix-huit siècles que des philosophes de tout un empire éclairé, frappés de sa sagesse, de sa connoissance de la vérité, de sa manière profonde d'expliquer les secrets du ciel et de la nature, de n'en confier le sens qu'à un corps qui fixe la variabilité de l'esprit humain par ses décisions sans appel ; mais frappés sur-tout de son plan heureux de médiation, de son immense charité en mourant pour tous les hommes, martyr de l'antique vérité qu'il venoit de faire redescendre du ciel sur eux, lui dressèrent des autels comme au fils de Dieu, à l'expression de la sagesse. Alors les Romains qui nous valoient bien, cessèrent d'être payens. Puissent nos méprises en révolution faire cesser les Français d'être *philosophistes*, pour être philosophes et chrétiens !

Fin de la quatrième Partie et du Tome troisième et dernier.

TABLE DES MATIÈRES

Contenues dans ce troisième Volume.

TROISIÈME PARTIE.

Des principes de la Philosophie.

QUATRIÈME ET DERNIÈRE PARTIE.

Des principes Religieux.

Fin de la Table du Tome troisième et

Errata du Tome troisième.

Page 3, *ligne* 7; secrets de nature, *lisez* de la nature.
Page 24, *ligne* dernière; qu'ils l'adorent, *lis.* qu'ils adorent.
Page 58, *ligne* 6; ne parvînt, *lis.* ne parvient.
Page 88, *ligne* 18; de vos suppôts, *lis.* d'un de vos suppôts.
Page 152, *ligne* 2; ce qu'il faut, *lis.* ce qu'il faudroit.
Page 160, *ligne* 3; mettez le point et la virgule qui sont après vertus, après sentiment.
Page 169, *ligne* 23; rétrécir, *lis.* rétréci.
Page 173, *ligne* dernière; sur la statue, *lis.* sur sa statue.
Page 184, *ligne* 22; à qui on fait adopter, *lis.* qui ont fait adopter.
Page 187, *ligne* 2 du titre; chez toutes nations, *lis.* toutes les nations.
Page 190, *ligne* avant-dernière; sectaires, *lis.* sectateurs.
Page 208, *ligne* 20; le beau zèle, *lis.* un beau zèle.
Page 304, *ligne* 15; interdît, *lis.* interdisse.

www.ingramcontent.com/pod-product-compliance
Lightning Source LLC
LaVergne TN
LVHW020529230826
846091LV00002B/217

* 9 7 8 2 3 2 9 4 2 5 4 7 4 *